MW01243519

Éxodo

Éxodo

EL COMENTARIO DEL LIBRO DEL ÉXODO
DE MANO UNA DE LAS REFORMADORAS
MÁS INFLUYENTES Y CONTROVERTIDAS
DE LA HISTORIA DE LA CRISTIANDAD

—Versión actualizada y revisada—

marronyazu

Jeanne Marie Bouvièrs de la Mothe-Guion

Título original: *Commentaire sur le livre de l'Exode* (entre 1685-1690).
Traducción: © S.D.R.M. 2019. Todos los derechos reservados.
Edición y maquetación: S.D.R.M.
Revisión: J.M.D.R y M.I.M.G.
Primera edición: abril de 2019
ISBN: 978-84-948569-4-5

MARRONYAZUL®
Apdo. Correos 34
28607 El Álamo
Madrid — (España)
www.marronyazul.com

Derechos de autor de esta obra:
—Exceptuando mapas e ilustraciones, se permite copiar o citar hasta diez mil (10.000) caracteres de esta obra en otras obras (lucrativas o no) sin autorización previa, siempre y cuando no se utilicen en obras numeradas, seriadas, por entregas o "fascículos", sino en una sola obra totalmente independiente de otras. En cualquier caso, debe citarse bibliográficamente este original. Para mayores extensiones se debe obtener autorización expresa de esta editorial.
—Queda autorizado el préstamo gratuito.
—Exceptuando los casos señalados, no está permitido el alquiler (cobrar por su préstamo), ni la reproducción total o parcial de este libro, ni su tratamiento informático, ni la transmisión de ninguna forma o por cualquier medio (ya sea mecánico, electrónico, por fotocopia, por registro u otros métodos), sin el permiso previo y por escrito de los titulares de los derechos de autor.

Editado e impreso en España — *Edited and printed in Spain*

Contenidos

NOTA INFORMATIVA: Cada capítulo de este índice corresponde con los capítulos del libro *Éxodo* que Madame Guyón comentó.

Prefacio de los editores

Al leer este libro tendrás la sensación de que Jeanne Guyon es una autora contemporánea que aún está viva y que escribe para nuestro tiempo. Es difícil ver a una aristócrata francesa que murió hace más de trescientos años en medio de una convulsa época reformadora en el seno de la iglesia católica.

La recomendación que hacemos a los que leen por primera vez a Madame Guyón es leer su *Autobiografía*, pues sus escritos son en realidad un testimonio de su propia vida. Ella es el *pueblo de Dios* perseguido y esclavizado en Egipto. Ella conoció a algún *Moisés* y ella misma fue *Moisés* para otros. Ella es *Séfora* y otros fueron *Séfora* para ella. Al igual que *Torrentes espirituales*, este libro es una especie de biografía muy subjetiva y personal en forma de parábola. Este comentario al libro del ÉXODO conforme a los principios y dinámica de la vida cristiana más profunda (comúnmente llamada *mística* o *misticismo* a lo largo de la historia) esconde en realidad las vivencias personales de la autora, sus experiencias físicas y espirituales.

Como decíamos en la introducción de *Torrentes espirituales* (el primer libro que Guyón escribió, también publicado por esta editorial), no es recomendable intentar encajar todas las etapas vitales de las que habla la autora en tu propia existencia. Algunas cosas encajarán y otras no. Pero, en general, las verdades aquí expuestas son reconocibles por aquellos embarcados en el «camino interior que desemboca en el inmenso mar que es Dios». Así pues, querido lector, sin más preámbulo te lanzamos al éxodo de Jeanne Guyón con nuestro más profundo deseo de que puedas navegar de nuevo en las aguas profundas del Espíritu.

Otros agradecimientos

Agradecemos a los responsables de la editorial norteamericana *Seedsowers (www.seedsowers.com)* por el continuo flujo de material de vida interior que han ido publicado desde los años ochenta del siglo pasado. También puedes encontrar abundante material de vida interior de autores contemporáneos en la web de libre debate www.iglesia.net.

1

A lo largo de la historia de la iglesia, Dios ofrece numerosos ejemplos de individuos que han vivido sus vidas abandonadas a Él. Pero también ha dado un ejemplo de todo un pueblo, una nación entera, de tal manera que las generaciones venideras pudieran tener un modelo para *practicar* la misma senda de abandono. En cuanto a *ti*, caso de que seas llamado a este camino interior, has de saber que debes vivir esta misma cautividad y experimentar todos los reveses que este pueblo sufrió.

¿Hubo nación más próspera que este pueblo mientras José vivió? Lo más florido del reino egipcio estaba en sus manos. Sin embargo, podemos ver que su nación sucumbió al cautiverio. ¿Qué diferencia hay entre un creyente y Judá? Ninguna. Todo creyente que se atreve a caminar el camino espiritual obtendrá un gozo inefable; *pero* Dios también te otorgará otro favor, y es un sello sobre todos aquellos hijitos suyos que son fieles:

Les hace pasar por cautiverio.

Jesucristo fue el primero en vivir esta experiencia. Aunque fue el Paladín de todos los abandonados, no estuvo exento de esta *cautividad.* Así que resulta imposible que *tú* quedes al margen. Acuérdate siempre de que le agradó dejar atrás todos los deleites escondidos en el seno de Su Padre para vivir como el más cautivo de todos los hombres.

Recuerda también que, hace ya tiempo, los patriarcas hebreos caminaron la misma senda. Gozo, deleites... ¡y cautiverio! Los primeros creyentes del nuevo pacto llegaron y siguieron el orden de los patriarcas *y* de su modelo divino, Jesucristo.

Quizás preguntes, «¿por qué tenemos todos que pasar por este camino?; ¿hay que vivir siempre en esta amargura?». Claro que no. El gozo es una promesa en la tierra de Abraham... una tierra *más allá* del cautiverio. ¿Qué tierra es esa? Esa tierra es... ¡poseer a Dios! Pero, ay, para poseer esa tierra queda un *largo trecho.* ¡Hay que conocer una medida de sufrimiento!

Mira al Faraón. Dios usó a este hombre para que los fieles hebreos conocieran la cautividad. Faraón no es el único instrumento del que se vale tu Señor. ¡Faraón también tiene *capataces!* Cuando unieron sus fuerzas, estos egipcios abrumaron al pueblo de Dios con *trabajo,* tenían en mente oprimir a este pueblo y evitar que pudiera hacerse grande en número… cuidado con la sobrecarga de «obra cristiana».

Hoy sucede lo mismo. A largo de la historia, se han levantado poderes o autoridades que deciden extinguir al camino *interior.* Se valen de persecución, grande griterío, denuncias y todo cuanto está en su mano. Ah, pero es entonces cuando la vida interior se *multiplica.* ¿Y cuál es el resultado? Al oponerse estos poderes y enseñar contra este camino, al perseguirlo con mayor ahínco, tantas más personas se unen a las filas de aquellos que buscan esta senda. Es la persecución la que establece y hace crecer el número de personas entregadas al camino interior.

Los poderes de las tinieblas se unen para aplastarte e incrementar la carga más allá de lo sostenible. Pero, cuanto más cargada está el alma y mayor debilidad experimenta, tanto más se levanta allí adentro, como una palmera frondosa, algo con la impronta de Dios. *Esta vida* se multiplica por sí misma.

La más dura persecución que ha de soportar el pueblo de Dios es ver sus vidas malgastadas trabajando para las cosas del mundo sabiendo todo el tiempo que están llamados para la mesa de Dios. Son creyentes que saben que el trabajo sobre esta tierra no produce nada en absoluto. ¡Pero aquí están! Se han vuelto completamente «terrenales».

En este punto, los enemigos de los discípulos del camino interior se mofan. Los egipcios se cruzaban de brazos mientras observaban con burla a un pueblo de Dios forzado a apartarse de las cosas que amaban para construirles sus ciudades.

La persecución fue más allá del odio y de la esclavitud. A continuación, los egipcios trataron de destruir de raíz a estas personas atacando su nacimiento. Por desgracia, incluso en el mundo de la supuesta «verdadera religión», hombres considerados iluminados se esfuerzan con tesón para que el cristiano recién convertido se aparte del camino interior. Tienen cierta semejanza con los reyes de los hombres. Dios los escoge para ser pastores de nuestras almas y después se oponen a Él. No quieren que el creyente siga el camino que podría llevarle a la mayor comunión con Dios y, mientras tanto, los líderes religiosos que no condenan este camino tampoco lo bendicen. Con su actitud, mantienen a tantas almas lejos de la verdad y la luz como los egipcios, o quizá aún más. A los principiantes que tanto necesitan recibir esta luz se les impide acercarse a Jesucristo.

Estos hombres son un obstáculo: no entran en el reino ni dejan que otros entren.

Por favor, observa que es el «hijo varón» al que Egipto persigue. Es un prototipo del creyente valiente (sea varón *o* mujer) que está dispuesto a abandonarse. Al vivir tu propia existencia, te darás cuenta de que hay ciertos hombres que están dispuestos a dejar que su prójimo viva en paz... ¡*siempre y cuando* mantengan un amor *tibio* hacia el Señor! De hecho, incluso hay líderes religiosos que disfrutan de la compañía de personas que viven así con Dios y les gusta tenerles cerca. Sin embargo, en cuanto a aquellos que están totalmente entregados a Él y a un caminar interior, ¡los egipcios no quieren que prosperen! Si de ellos dependiera, preferirían que esas personas no existieran.

Los hombres no pueden soportar un amor y un camino como este. No obstante, al avecinarse la destrucción del pueblo de Dios, sucede algo esperanzador. Aunque se ha dado orden de erradicar el amor hacia Dios, algunos egipcios son llevados a este camino celestial y emplean sus energías en protegerlo; son personas ganadas por la acción de un corazón *sencillo*. Es raro ver a una persona compleja, dotada e inteligente, en especial si también es religiosa, atrayendo a los egipcios al camino interior.

Son las *parteras* sencillas las que evitan la destrucción de los más escogidos de entre el pueblo de Dios.

Y esas sencillas parteras que protegieron a Sus hijos «fueron establecidas en sus casas». Recompensa y premio son otorgados por el Espíritu de Dios a aquellos que han protegido a los que Él ha llamado.

La persecución no bastaba, la esclavitud no era suficiente; el último deseo del enemigo de Dios era la muerte. Faraón ha ordenado que todos los niños varones sean arrojados al río. En cuanto a aquellos que se atrevan a pertenecerle del todo a Él, no dudes que *estas personas* serán lanzadas al río o serán expuestas a peligros extremos. ¿De dónde provienen estos peligros?

¡De las tentaciones! ¡De ser forzados a seguir el camino del mundo! Vienen de la desconfianza y del miedo en medio del pueblo de Dios, y como resultado Sus más preciados discípulos son esparcidos o perecen.

A veces se trata de la destrucción de tu reputación. Son todos ellos peligros extremos. Estos «ríos» te están esperando.

Según vaya transcurriendo tu vida en esta tierra, te darás cuenta de que sólo el «niño varón» es tocado. El resto no es desechado ni perseguido ni amenazado por el río. Están a salvo. ¡Su *superficialidad* es la garantía de que nadie les hará nada! La persecución y la calumnia pocas veces son su porción.

Al contrario, algunas veces te encontrarás con que estos últimos son *elevados* para que otros sean aplastados.

2

¿*Qué* nos enseña el nacimiento y el rescate de Moisés? ¡El nacimiento de aquel que guiará al pueblo de la Providencia es Providencial! Puedes estar seguro de que el niño que ha estado expuesto a la impetuosidad de duros caminos algún día se levantará para ser pastor del pueblo de Dios. Por supuesto, el hecho de que su madre le protegiera de la muerte es una llamativa figura de Jesucristo. Debemos recordar que, como Salvador del mundo, la natividad del Señor sigue el ejemplo de Moisés.

Echemos una ojeada a la madre de Moisés.

Confronta fuerzas de orden superior. Aunque su intelecto diga «date por vencida», prefiere confiar solamente en Dios. *Renuncia* a su niño y lo expone a las aguas sin saber si esas aguas serán misericordiosas o no. Sólo *en peligro extremo* puedes entender el verdadero abandono y, casi siempre, en esos momentos es cuando Dios escoge mostrarte Su bondad y providencia. Y, en ocasiones, ¡bajo un *peligro extremo* manifiesta milagros nunca antes vistos!

Mira cómo arrojan a Moisés al río. ¿Será arrastrado por la corriente? ¿Hay esperanza para este niño? ¿Muerte? ¿Una tumba bajo las aguas? De cierto que la muerte parece inevitable. El pequeño esquife en que se encuentra no es más que un ataúd en vida. Sin embargo, Dios le saca de este ataúd de muerte.

He aquí un hombre que ha estado bajo la providencia de Dios desde su cuna; una cuna que supuestamente iba a ser su tumba. ¿Diremos que la cuna era su ataúd? ¿O diremos que el ataúd era su cuna? Quizás lo segundo sea más cierto porque, desde su nacimiento, tuvo que atravesar los accidentados meandros de la providencia de Dios y desarrollar su vida en medio de peligros mortales.

Es interesante reseñar que, en el instante mismo en que Moisés es depositado en las aguas, la hija del Faraón se acercó al río. En los caminos de Dios, aquellos que nos condenan a muerte algunas veces son los que salvan nuestras vidas.

En los caminos de Dios sería cosa rara que un niño naciera bajo los designios de la providencia divina y luego fuera abandonado. Pero, aún así, esa providencia le seguirá todos los días de su vida.

Puedes ver esta misma verdad cuando Faraón escoge a la propia madre de Moisés cómo niñera, ¡sin que sepa nada de su parentesco!

¡Menudo Señor tenemos! Así pues, ¿por qué no confiar en Él?

Por favor, ahora date cuenta cómo Moisés crece en los palacios de este mundo. Conoce el esplendor de la corte, conoce sus peligros. Como hombre maduro debe elegir entre vivir en esta vida de «Egipto» o apartarse de ella. Externamente, se asemeja a un egipcio y se le considera hijo de la Princesa. Pero en su corazón es hebreo. Hay más riqueza en este hombre de lo que aparenta, pues los tesoros están escondidos por dentro.

Pablo decía, «el verdadero judío no lo es externamente, sino internamente; la verdadera circuncisión no es exterior, es la del corazón; en espíritu, no en letra».

Otra vez puedes ver aquí a Moisés como una figura de Cristo. Externamente sólo aparentaba ser un hombre, pero internamente había algo del verdadero Dios. Jesucristo *se parecía* a los pecadores, pero era el Santo de los Santos.

Tenemos una lección que aprender: no somos juzgados por la apariencia exterior. Lo que sucede *en lo profundo* del hombre es lo que decide su curso y su destino.

Pero ¿puede hallar *salida* un hombre que es príncipe en la corte del Faraón?

¡Moisés pierde su lugar en la casa del Faraón! Pero ¿por qué? ¿Cómo es esto? En esencia, la razón la encontramos en su corazón de pastor. Está cuidando a uno que pertenece al pueblo del Señor. Hay fidelidad en este hombre, se cuida del rebaño de Dios. Ten cuidado. Una preocupación verdadera por el destino del pueblo espiritual de Dios puede meterte en problemas. ¡Pueden desterrarte!

Moisés es arrojado *al desierto*. Ha salido de Egipto, ¡pero enseguida está en el desierto!

Una vez más, la defensa de la verdad se ha visto secundada por una persecución a manos de enemigos declarados. Esto *no* es una excepción. De igual manera, ninguno que siga en pos de Él vivirá exento de esto.

Ahora vemos a Moisés huir. Está participando de la vida del creyente interior. Está siendo perseguido por su rectitud. ¿Pero hay alguna otra razón aparte de esa? Ahora Moisés se convierte en pastor de un pequeño rebaño en un desierto. Se nos dice que este es el designio divino de Dios para Moisés. ¿Qué hace Moisés allá en el desierto?

Apacienta el rebaño.

Moisés no es pastor de un grupo en particular, es el pastor de todo el rebaño. Ha defendido a las ovejas y ahora las apacienta. Todos los pastores verdaderos que siguen el ejemplo de Jesucristo son así. Dan de beber, defienden a aquellos que son del Señor... los protegen de Sus enemigos. Se aseguran de que el agua esté ahí, que cualquiera pueda beber aunque su enemigo se entrometa.

Hubieron pastores injustos allá en el desierto que procuraban evitar que aquellas ovejas abrevasen. Pero el pastor Moisés les da agua a beber. Si eres persona abandonada a Él, cabría esperar que el Señor envíe un Moisés a tu vida para darte agua en el desierto y para librarte de opresión y de pastores ignorantes que *obstaculizarán* a la oveja para que *alcance* el agua.

Sin importar lo que hayan sufrido, las ovejas que se abandonan a Dios y son fieles al final *hallarán* agua.

Los que se abandonan descubrirán la fidelidad de Dios. Él enviará a alguien que les instruirá en los caminos del Señor.

Te darás cuenta que las mujeres que fueron auxiliadas por Moisés allá en el desierto volvieron a su padre para contarle lo que les había acontecido. Ahí ves lo que cada uno de nosotros debe hacer: regresar a nuestra fuente, a nuestro Padre. El buen Pastor nos ha dado agua pura y nos ha hecho avanzar hacia nuestro Padre.

Aquí es donde la voluntad de Dios se hace diáfana. El padre de aquellos a quienes Moisés ayudó le ha invitado a su propia casa. Moisés encuentra allí la compañía de Séfora, una persona que compartirá con Moisés su llamado y su fidelidad. Junto a él hará una aportación a esa generación espiritual.

Aquí, en este lugar, es donde Moisés halló cobijo hasta la hora en que guiará al pueblo de Dios. *Ese es el propósito de todo verdadero desierto.*

Y ahora obtenemos una mejor visión de la persona de Séfora en el nacimiento de su hijo. Cuando dio a luz a Eliezer, se volvió de inmediato al Señor y le alabó diciendo: «El Dios de mis antepasados es mi protector y me ha librado de la mano del Faraón».

Cuando ves a un hijo de Dios atribuyéndolo todo a la providencia de Dios, ves algo del corazón de esa persona. La reproducción, nuestros niños —nuestro todo— viene de Su mano. Cuando andamos en ese conocimiento, damos testimonio de que retenemos una verdadera visión de Dios... en una fe viva estamos reconociendo que Sus caminos son justos y que recibimos nuestro socorro de Él.

Llegamos al cierre del capítulo dos con una poderosa escena que nos enseña mucho.

En el desierto, Moisés está siendo alimentado por Dios. *Pero el pueblo del Señor*, allá en Egipto, *¡no lo sabe!*

Faraón muere; quizás en este punto esperaban una liberación, pero no llega ninguna. Sus gemidos aumentan. Están abrumados y elevan sus llantos al cielo. Pero parece que el Señor no escucha. ¿Es esto cierto? ¡Claro que escuchó! Aún en aquel instante, en lo invisible, está respondiendo. *¡Claro* que se acordó de Su pacto con Abraham! A su debido tiempo, mostrará compasión de ellos.

Debes recordar que Dios tiene un pacto contigo y sin importar lo que te suceda en esta tierra, *Él no ha olvidado ese pacto.*

El pueblo de Dios en Egipto nos habla de tres cosas: son personas de fe, de total sacrificio y de perfecto abandono.

Abraham es el padre de la *fe*. Isaac fue el marcado por el *sacrificio* puro. Y Jacob, en su vejez, fue el perfecto *abandono*. Tú, si has de caminar por el camino interior, caminarás en base a tres cosas: primero, por una *fe* que camina ciegamente en los *caminos* de tu Dios, esto es, por una fe cuyo enclave es Dios *sin importar lo que venga*. ¿Qué queremos decir cuando hablamos de una fe *absoluta* o de la fe *desnuda*? Es una fe que no pide señal y que no busca el apoyo de la razón, de la lógica o de cualquier otra fuente de la cual pueda asirse la mente del hombre.

¿Qué es un *sacrificio* total o un sacrificio *puro*? No sólo es la entrega de todas las cosas que nos pertenecen y que están en nosotros, sino *todo lo que somos*. Lo entregas todo en la medida en que la gracia te haya permitido entregarlo *todo*.

¿Y qué es un abandono perfecto y completo? Es un estado de total expoliación a manos de Dios. Le decimos, «Señor, puedes hacer lo que sea dentro de mí, tu perfecta voluntad; Tu voluntad puede obrarse en mí». Pero ten cuidado. En general, estamos hablando de cosas internas: de Dios obrando *en tu interior* para llevarte a la plena madurez... y esta obra discurre a través del *tiempo* y aun a través de la *eternidad*.

Acuérdate. Puede que no haya rastro alguno de Dios, pero Él es fiel. No se ha olvidado. Está dispuesto a liberar a los que están en cautividad, a los oprimidos. A los que viven en el desierto, en fe, en sacrificio, en abandono... ¡a estos quiere liberarlos por completo!

Este es el éxodo.

3

Ahora llegamos al capítulo tres de Éxodo. Moisés está cuidando las ovejas de su suegro. No lo sabe todavía, pero está a punto de ser llamado *a la Montaña de Dios* mientras vive en su desierto particular.

Moisés piensa que sólo está guardando un rebaño que el Señor le ha confiado. ¡No sabe que está siendo preparado para ser pastor de *todo* el rebaño de Dios!

Moisés ve una llama de fuego emitiendo su fulgor desde una zarza ardiente y la zarza ardiente no se consume. Además, el Señor le habla desde este matojo de llamas. Sabemos que esta llama es el amor de Dios. A pesar de la debilidad del creyente, el amor tiene como destino final introducirse en el interior del creyente.

Le plació a tu Señor darte a *ti* una gran porción de lo que Él tiene ardiendo dentro de Él. Esto es lo que le sucedió a Moisés. Moisés tenía un gran torrente de amor. La primera cualidad del pastor es amor, pues debe arriesgar continuamente su propia vida para cuidar de la oveja.

La zarza arde ahora con fuego consumidor y, sin embargo, no se consume. Este es un Dios lleno de un Amor que nunca se apaga. Está hablándole a un pastor. Está demostrando a ese pastor el amor que el pastor ha de tener: un amor inigualable; un amor que nunca se cansa ni se debilita.

Descubrirás que Moisés estaba consumido por un fuego interno, un inextinguible amor que ardía por el pueblo de Dios. Más adelante, cuando estaban a punto de ser vapuleados, fue *su* oración la que tanto le llegó al Dios viviente. Moisés clamó con amor puro, violento: «Señor, perdónales; si es necesario borrar a alguien del libro de la vida, que sea yo» (Éxodo 32).

Moisés contempla ahora esta zarza ardiente y se atreve a acercarse. En ese momento, el Señor le dice a Moisés que se quite el calzado porque está sobre tierra santa. El Señor le está diciendo, «no te acerques a un amor de esta pureza, de esta dimensión y con esta fuerza, hasta que tú mismo seas desposeído de cualquier otro afecto». Los pies de Moisés simbolizan otros afectos. Moisés debe venir desnudo a su Dios sin poder decir que cosa alguna del mundo le pertenece. Esto ya supone una preparación adecuada para la tarea que tiene ante él; para cuidar de este pueblo con justicia y equidad sólo hace falta amor. El terreno del amor es cosa santa. Desde ahora el pastor saldrá a juzgar con justicia y santidad.

Ahora, por fin, el Señor le dice a Moisés que el pueblo tiene que ser liberado de mano de Egipto. ¡El Señor le está mostrando a Moisés la *salida* de Egipto!

Primero el Señor dice: «Yo soy el Dios de Abraham, de Isaac y de Jacob. He visto a mi pueblo en Egipto. He visto su sufrimiento. He oído sus súplicas. Conozco la severidad de sus capataces. Al conocer sus tristezas, he descendido para liberarlos de Egipto, de la opresión ¡y de su hiperactividad! Tras muchas liberaciones, los conduciré a una tierra buena».

Una vez más, vemos a Dios decirle a Moisés «has brotado de un suelo que estaba bajo mi control; estás bajo mi soberanía». El Señor le anuncia a Moisés que es Moisés quien va a ir ante el Faraón y va a guiar al pueblo fuera de Egipto. Será Moisés quien les mostrará la salida que Dios ha preparado y les guiará a una región de paz y descanso en Dios.

Dios deja saber a Moisés que Él, el Dios viviente, ha cuidado de este pueblo y ha conocido sus aflicciones. Moisés ahora sabe que Él ha escuchado las oraciones del pueblo.

El Señor le dice a Moisés que vaya a Faraón y libere al pueblo de Dios. Al oír esto, Moisés protesta diciendo sencillamente que él no puede llevar a cabo semejante encomienda. El Señor responde: «Yo estaré contigo».

Moisés protesta: «No puedo hacer esto que me has pedido que haga. Soy incapaz. El pueblo es muy grande, los problemas son muy grandes y el camino muy largo. En definitiva, ¿crees que un pueblo tan numeroso, una muchedumbre tan enorme, se entregue en ciego abandono a un Dios al que ni siquiera puede ver?». Lo que sobre todo le parece imposible a Moisés es la idea de que este pueblo salga de su estado actual. Es difícil atraer a las almas y apartarlas de prácticas y métodos que han conformado sus costumbres durante tanto tiempo... atreverse a invitarles a dejar estos hábitos y esta seguridad (aunque sea una esclavitud) ¡para salir andando al desierto! ¡Un desierto que no está en los mapas! ¡El desierto de la fe!

Pero el Señor responde, «¡Estaré contigo, Moisés! ¡*Yo* seré el que lleve a cabo esta gran obra!».

Moisés sigue con sus protestas. «¿Qué ocurrirá cuando vaya ante el pueblo de Israel y les diga, "el Dios de vuestros padres me ha enviado"? Me preguntarán "¿cómo se llama este Dios?" ¿Qué les diré entonces?».

Moisés está diciendo: «Si voy a esa gente y digo que he venido en nombre del Dios del pueblo de Israel, o del Dios de la fe, o del Dios del sacrificio, ¡no sé muy bien cómo reaccionarán!». El Señor no se ofende con Moisés. Observa lo que le dice.

«¡YO SOY EL QUE SOY te ha enviado!». Esto es lo que Moisés tiene que decir al pueblo de Dios. ¿Y qué significa esta palabra? Quiere decir que Él es un Dios de libertad. Es libre de todo... pero nadie es libre de Él. Si crees que eres algo y no has visto que Él es el «YO SOY», no estás preparado para formar parte del pueblo de Dios. Dios les está diciendo: «Yo soy la verdad; Yo soy la verdad a tal grado que todo lo demás es nada. Busco a un pueblo que es nada. Yo lo soy todo».

El Señor espera que vean la necesidad de poner a un lado sus ideas, sus caminos y conductas, y después abandonarse a sí mismos a Este que se extiende de una eternidad a la otra; entregarse por completo al que abarca todas las cosas; salir de la tierra de la industria del hombre; seguir el camino del abandono.

Si lo hacen, ellos mismos verán cómo acaban irremediablemente en Sus brazos. *Él* será *su salida*.

Ahora el Señor le habla de nuevo a Moisés: «dile a mi pueblo que el Dios de Abraham, Isaac y Jacob te ha enviado a ellos».

¡Este es un consuelo tremendo! ¡Tu Dios era y es el Señor de Abraham! ¡Es Dios de aquellos que han *encontrado* el camino de salida! El Dios que te guía es el mismo Dios de los antiguos. Su camino sigue el mismo patrón y Él tiene las mismas expectativas.

Aquellos que hoy le siguen en abandono reciben la misma garantía que Él le dio a Abraham y a Moisés. Él lo llevará todo a cabo por ti igual que lo hizo por ellos.

Su ser es Su nombre. Su nombre es Su ser. Sin Él nada existe. Al igual que Su ser lo encierra y comprende todo, Su nombre «YO SOY» lo expresa todo. Las criaturas son como si nada fuesen.

Necesitamos un nombre para distinguirnos los unos de los otros, pero Aquel que en verdad es *todo* lo que de real existe no tiene necesidad de tal distinción. El nombre YO SOY atiende a Dios. Él no necesita nombre. Él ES. ¡Él lo es todo!

Aquellos que se ven a sí mismos como si fueran algo le despojan de Su nombre. Por ende, Moisés está convencido de que aquellos que siguen al Señor son aquellos que siguen Su nombre. Su pueblo obedecerá Su voz sólo ante ese nombre. Tú y yo tenemos al Dios eterno dentro de nosotros. Dentro de ti está la misma voz de aquel que es YO SOY.

El Señor ahora le hace entrega a Moisés de instrucciones muy prácticas. Debe reunir a los ancianos de Israel e ir ante el rey de Egipto y decirle a Faraón que su Dios —el Dios de los Hebreos— les ha dicho que salgan tres días al desierto y ofrezcan allí sacrificio al Dios vivo.

¿Un pueblo diciéndole al rey que se marchan? ¿Y adónde van? ¡A un desierto! El desierto de la *fe* desnuda. ¿Y qué harán una vez que salgan al desierto? Ofrecerán un *sacrificio* puro.

El capítulo concluye con una afirmación maravillosa y que se sale de la rutina. «No abandonaréis Egipto con las manos vacías. Despojaréis a la tierra que os ha retenido en cautividad.»

El Señor no se contenta con darte libertad, te enriquecerá con el botín, incluso pondrá a tus pies el vigor de aquellos que intentaban apartarte de esta senda pura. Cuando salgas bajo la poderosa mano de Dios, te verás sustentado en fuerzas que no son tuyas. ¡Tu éxodo se convertirá en una fuerza que nunca antes habías conocido! En esa misma medida, aquellos que te ven marchar perderán sus fuerzas.

«Al que tiene, le será dado; y al que no tiene, aun lo que tiene le será quitado».

4

A Moisés le está costando mucho llegar al punto de tener fe suficiente como para obedecer a Dios. Pide una señal. Es un gran estorbo depender más de una señal que de lo que Dios dice, especialmente en alguien tan avanzado. Ante una sola palabra de Dios, Abraham estuvo dispuesto a llegar al filicidio.

¿Ves lo que Dios pide? «¿Qué tienes en la mano?». Moisés no tenía nada en su mano. Sólo una vara. ¡Nada! Deja Egipto sólo con lo que tengas, aunque no sea más que un palo. Él proveerá el resto.

Pero ni siquiera el milagro afirma las rodillas de Moisés. ¿Qué sucede aquí? Entraña cierta dificultad acostumbrarse a cosas que pertenecen a otras esferas cuando uno aún vive en esta.

Hasta ahora, las dudas de Moisés han sido una cuestión más o menos purificada. Ahora entra en el terreno de las excusas: «No puedo hablar». Una de las características de Su palabra es que absorbe la nuestra.

El Señor le recuerda a Moisés quién creó su boca, ¡y quién la creó *a imagen* de la Suya! Está enseñándole el camino para que viva en un entendimiento más alto de Su soberanía. ¿Puede el Dios que creó su boca pedirle que hable si no puede? ¡Abandonar Egipto y el desierto no basta si el Señor así lo dice!

El Señor hace saber a Moisés que la habilidad para hablar de cosas espirituales no reside en lo natural, sino en lo divino. El Señor hablará por Moisés. ¿Y qué pide Él de ti? Cualquier cosa que pida, reside en lo espiritual y no en *tu* habilidad.

«Estaré *en* tu boca». El que es enviado (una persona apostólica) tiene esta ventaja: Dios habla por su boca. Cuando uno se abandona a Él en todas las cosas, Él suple esta peculiar necesidad.

Moisés quiere liberación. Pero *su* deseo en este punto resulta un obstáculo. Está aconsejando a Dios lo que debe hacer para llevar su propia carga. Todo deseo, aun santo y justo, debe ser eliminado de cualquier alma que es aniquilada. Esta alma no debería desear nada que esté fuera de la voluntad de Dios. A su tiempo, Él mismo hace que la carga quede atrás. La marca de la aniquilación es una impotencia para querer o desear cosa alguna. El Señor se enojó con él porque había salido del estado de muerte total y empezó a querer cosas para sí mismo.

Hasta ahora las palabras de Moisés se habían pronunciado *en* *ese* estado de muerte. Que espantoso es desviarse de ese estado de abandono. Moisés logró una boca humana: Aarón.

No obstante, el Señor promete a un Moisés en proceso de maduración que estará con él.

El Señor alude ahora a Israel como a «Mi primogénito». Esto muestra el favor de Dios hacia aquellos que le prefieren a Él. Séfora, la esposa de Moisés, también entra en escena. Ella le llama «marido de sangre» mientras realiza la circuncisión.

Séfora no entiende la cruz… ni desea unirse a la cruz haciéndose uno con ella para participar de Su sufrimiento. Deja a Moisés ante el primer indicio claro de la cruz en su vida ignorando que en la cruz empieza el descanso.

El capítulo termina cuando Israel recibe la palabra de liberación de su Dios. ¡Creen la palabra! Moisés no tiene problemas en hacer saber la palabra de Dios. Israel entró en Su palabra.

Aquellos que estudian la Escritura para conocer a su Dios se olvidan de que Él está en su más profundo interior; los intelectuales, esos que viajan los infinitos corredores de la razón, no le encuentran… porque Él no está *ahí*. Los que buscan señales no se entregan inmediatamente; únicamente se someten cuando Dios hace uso de la fuerza. Pero los que creen, marchan tras Él, le aman… y hallan.

5

Moisés se presenta ante el Faraón y le dice lo que Dios ha dicho, que Israel desea marchar para hacer un sacrificio al Señor. Faraón nos ofrece una amplia y profunda visión de sí mismo. Dice que no conoce al Señor —lo cual es muy cierto, pues sólo los simples de corazón lo conocen— y no sabe cómo obedecerle.

Faraón replica que desean marcharse y hacer sacrificio a su Señor porque no tienen otra cosa que hacer. Dice que están demasiado ociosos. Como no tienen nada que hacer, quieren sacrificar a su Dios.

Aquí está la típica actitud de aquellos que acusan al creyente interior de holgazanear. Algunas veces esta acusación viene del mundo —de los *Faraones*— y a veces viene de guías espirituales, no entendiendo que ha dejado su vida a un lado para orar y contemplar al Señor, y que ha llegado un punto en su vida de sacrificar por completo su vida al Señor. El director espiritual que carece de conocimiento dice que está ocioso. Sin embargo, el Señor sabe cómo cuidar de lo Suyo y llevar a aquellos que desean vivir este tipo de vida a un lugar secreto donde no puedan ser molestados por los hombres.

Como no podría ser de otro modo, la solución del Faraón es darles más trabajo para empujarles en mayor medida a la vida exterior. Faraón no es el único que lo hace. Lo normal es que los ministros del evangelio sobrecarguen al pueblo de Dios con toda clase de cosas externas y los alejen de lo interno.

Este capítulo no sólo nos enseña esto. También nos dice que, cuando el pueblo de Dios fracasa en sus obras externas, son reprendidos e incluso golpeados. Y aunque quizás los hombres no sean golpeados con palos en nuestros días, se les inculca un sentido de culpabilidad cuando no realizan servicios externos para el Señor. Este es un evangelio y una forma de entender el evangelio totalmente superficial incapaz de mostrar la gran importancia que le da el Señor a aquellos que son amigos de Dios en el camino de lo interior.

Quiere que produzcan como siempre incluso cuando tienen menos. Ni siquiera disponen de paja con la que construir. Cuanto más tratan de hacer cosas externas, tanto menos son capaces de hacerlas. No hay descanso ni fruto. Es lo habitual en aquellos que procuran vivir en las cosas exteriores.

En este punto del relato, nos encontramos a un pueblo frustrado que se acuerda de que la crueldad era grande antes de que Moisés y Aarón llegaran a escena, pero no tan grande como ahora;

ahora son obligados a trabajar hasta la extenuación sólo porque habían pedido permiso para salir y sacrificar a su Dios.

Moisés acude al Señor con una pesquisa: «Señor, ¿por qué me has enviado a hacer esto cuando lo único que se ha conseguido es afligir a tu pueblo?». Desde que se presentó ante el Faraón, la angustia del pueblo se ha incrementado y la liberación parece estar más lejos que nunca.

Aunque Moisés se muestra frustrado en esta su oración, vemos que es un hombre de corazón compasivo, un pastor verdadero con corazón compasivo que se preocupa del pueblo de Dios. Implora y exhorta al Señor que libere al pueblo de la tiranía.

Cuando llega el momento en nuestras vidas de buscar al Señor, cuando buscamos salir de la tierra del Faraón, entonces y sólo entonces empezamos a hacer retroceder los horizontes de lo que creíamos que era Dios. Nunca es lo que imaginábamos que era. El Señor ha prometido librar a Su pueblo y sacarlos fuera. Por supuesto, todo el mundo pensaba que Dios hablaba de algo que iba a suceder de inmediato. Ni Moisés ni el pueblo de Dios saben lo que les espera por delante. Ay, cuánta sería hoy nuestra pobreza si todos los obstáculos interpuestos en el camino de Israel hubieran sido milagrosamente removidos. Cuánto aprendemos de Dios cuando Él está quieto y espera. Cuánto aprendió Israel de su Señor los días que siguieron. Cuánto aprendemos todos de lo que significa *salir*.

Nuestro temor reverente crece cuando nos damos cuenta de que cientos de miles fueron librados por la extravagante providencia de Dios y, sin embargo, de entre todos aquellos cientos de miles que fueron librados de Egipto sólo dos entraron en la Tierra Prometida. ¿Quién puede entender los caminos de Dios? (Esto sabemos: aunque uno no llegue al final, es mejor estar en el desierto

que vivir en Egipto). Es bueno y precioso que Sus caminos se mantengan ocultos del ojo de la criatura hasta el instante mismo de
manifestarse en hechos y realidades. Sus caminos siempre se ma-
nifiestan en el mejor momento… pero siempre es el tiempo que
solamente Él escoge.

6

Qué alentador resulta escuchar la réplica de Dios a Moisés. Vemos la debilidad de la criatura y la grandeza del Creador. En primer lugar, el Señor sencillamente le dice a Moisés que esté en paz y que habrá de contemplar lo que Dios hará. ¡Menuda sencillez!

Después, el Señor declara simplemente quién es: el Dios de Abraham, Isaac y Jacob, el Dios que ha prometido una tierra a Su pueblo. Le hace recordar a Moisés la fe, el sacrificio, el abandono. Le recuerda a Moisés que Su nombre es Adonai. Arenga a Moisés para que confíe en Su mano soberana y los caminos que Él escoge. Aprenderán más de esto —de la persona de Dios— en la medida en que reconozcan más su debilidad y su propio vacío absoluto.

El Señor está a punto de revelarse y extender en gran medida los horizontes que Moisés tiene acerca de Dios, y también el propio pueblo conocerá muchísimo más a su Señor. También el Señor está disponiendo unos cimientos para nosotros, pues nos está dando a Moisés y al pueblo de Israel como una imagen perfecta en la que mostrarnos el rostro de Jesucristo. En la medida en que el pueblo de Israel en Egipto acepta su vacío, entrará en una perfecta adoración de la soberanía de este santo Ser.

Estos sencillos esclavos y un pastor del desierto llamado Moisés verán el poder Dios más que Abraham, Isaac y Jacob porque «Yo lo he prometido».

Las instrucciones de Dios a Moisés son un tanto espeluznantes. Le dice a Moisés que vuelva y le diga al pueblo lo que ya antes les había dicho: «Yo, el Señor, libraré a mi pueblo de las cadenas de los egipcios con mano fuerte».

El Señor ha oído sus gemidos; ha visto su predisposición para poner sus vidas a Sus pies. Él sabe que extenderá Su mano y les librará y que lo hará por medios extraordinarios.

Más aún, les promete que sabrán (no por conocimiento, sino por experiencia) que ellos le pertenecen. El Señor siempre les dice a las almas abandonadas que hará de ellas un pueblo muy particular, que será su Dios de una manera muy particular y que sabrán por experiencia que Él es su Dios. Esta es una promesa exclusiva para aquellos que conocen el abandono y se entregan a Él sin reservas. Él nunca se deja conquistar por los dotados, pero se entrega de una forma absoluta a cualquiera que se rinda perfectamente a Él.

Entonces Moisés se vuelve y le dice al pueblo lo que el Señor ha dicho. En esta ocasión se encuentran en tal angustia de espíritu y tanto trabajo externo que no escuchan las palabras de Moisés.

Así sucede con el mensaje de la vida interior. Hay muchos que responden al escucharlo por primera vez; pero, después, cuando el llega el sufrimiento y la dulzura y los milagros que los acompañaban quedan atrás, encuentran muy duro seguir la senda donde sólo se atisba la cruz. Esta es una infidelidad en la que suelen incurrir las personas que empiezan a seguir a su Señor «fuera de Egipto».

Después, Moisés se vuelve al Señor y le dice que el pueblo de Dios no está escuchando. Si Israel no obedece ni responde, dice, no tendrá ninguna posibilidad cuando se presente ante Faraón. Si el justo no oye, ciertamente el impío no lo hará.

7

Al abrirse el capítulo 7, el Señor confirma a Moisés diciéndole: «Cuando estés delante de Faraón y te mire, te verá a semejanza de un dios y verá a Aarón como un profeta de ese dios».

Pueden ser maldecidos, quizás sean la escoria del mundo; pero el mundo mira con admiración y respeto a aquellos que caminan por la senda interior. De alguna manera, el mundo sabe que estas personas aniquiladas pronuncian las palabras de Dios y que hablan las palabras del propio Dios como vasijas vacías por el bien de otros.

Hay otra afirmación muy interesante en este capítulo que encontramos en el versículo 12. Los hechiceros observan cómo la vara de Moisés se convierte en serpiente. También son capaces de convertir sus varas en serpientes. Los hombres malignos pueden falsificar las cosas espirituales: la doctrina y cualquier otra cosa… al menos eso parece a primera vista. Pero, al igual que la vara de Moisés convertida en serpiente fue capaz de tragarse el fraude de los hechiceros, aquellas cosas que son del Espíritu de Dios absorben todo lo restante y distinguen la falsedad de la verdad. Espiritualmente hablando, la verdad enseguida se come a la falsificación.

8

Leyendo el versículo 17 de este capítulo, vemos que Aarón golpea el polvo de la tierra y lo convierte en piojos. Los hechiceros no pueden hacerlo; por lo tanto, declaran: «¡En verdad, dedo de Dios es éste!». Aunque los hechiceros creen, el corazón de Faraón se mantiene endurecido. De igual modo, todas las maravillas que Dios hace para beneficio del creyente interior sólo sirven para endurecer los corazones de sus enemigos. Esto parece imposible, pero a diario se puede comprobar su veracidad. A veces, el más malvado se ve obligado a confesar que es el dedo de Dios, y puedes estar seguro de que hay otros en ese mismo sitio (presenciando y oyendo esos mismos milagros) cuyos corazones sólo consiguen endurecerse más que nunca.

En el versículo 23 el Señor declara que pondrá «división entre Mi pueblo y tu pueblo».

¡Cuán cierto! Dios separa a Su pueblo de aquellos que no están dispuestos a ser Suyos. Y mientras los perseguidores experimentan la agonía de despiojarse de su vanidad y malicia, comprobando que no hay descanso en esta interminable tarea, el alma afortunada que de forma secreta pertenece a Dios mora contenta en un lugar de paz.

10

En el Capítulo 10 tenemos la prodigiosa narración del oscurecimiento del cielo y de todo Egipto llenándose de tinieblas. Sin embargo, parece que hay luz donde mora el pueblo de Dios.

Como los egipcios, todos los que pretenden estar en la luz mientras caminan en tinieblas comprobarán que, cuanto más pretenden estar en la luz, más ignorantes son.

Cuando uno está unido al Señor sólo mediante la fe, habita en luz. Nada puede mitigar esta luz. Siempre es un día perfecto. Incluso cuando uno parece haber perdido toda luz, es iluminado por lo divino. Este no es un tema que se entienda fácilmente, pero puede juzgarse por aquellos que están experimentados en ello. Lo que absorbes de Dios para tu sustento siempre es verdadero porque Dios Mismo es *verdad*. Aquello que se obtiene del manantial del hombre, siempre basado en nuestros sentidos externos o nuestro razonamiento y nuestra lógica, yerra a menudo. Después de todo, el hombre no es más que vanidad y mentiras. Por lo tanto, el camino infalible para entrar en la verdad pasa por morir y vivir. Y esa verdad consiste en encomendarse solamente a Dios en todas las cosas, y creer en todas las cosas tal y como se ven desde los ojos de Dios.

En Éxodo 11:5, los egipcios que mueren son los primogénitos. El primogénito egipcio es un símbolo del pecado y de los pecadores, pues lo pecaminoso sólo engendra pecadores. Los primogénitos de Dios son siempre las almas interiores, sin importar su orden de nacimiento *o* su género.

El egipcio siempre quiere destruir a los que son interiores porque el egipcio *es* exterior. Pero Dios, al permanecer con aquellos que son de lo interior, humilla al pecador y mata el pecado. Es el ángel ministrador de Dios quien, utilizando el poder de Dios, hace morir a los primogénitos del mundo.

Piensa en ello cuando veas lo estimados que son los *primogénitos* del *mundo*; estos confían en cosas vanas mientras que los primogénitos de Dios sólo están seguros bajo Su protección. Los primogénitos de Egipto ciertamente están a salvo bajo la vara de medir de los hombres; sin embargo, los primogénitos de Dios son maltratados por hombres crueles con el único fin de poder recibir una corona.

Los primogénitos de Dios nunca son afligidos por causa de Su ira, sino por Su misericordia. Es el egipcio el que es golpeado con ira.

En este capítulo vemos que cada familia lleva un cordero a su casa, un cordero sin mancha.

Los creyentes del camino interior sólo pueden reconocerse por la señal de Dios, y esta señal es la sangre del Cordero. Están marcados con esta señal. ¿Y qué queremos decir con esto? Al no tener mérito alguno por su cuenta, todo lo poseen en Cristo Jesús. Son guardados en Su sangre y sólo por Su sangre. Es esta sangre la que hace que cada uno de ellos crea contra esperanza. Desesperan de sí mismos y esto les empuja felizmente a depositar en Dios una confianza plena.

Este cordero es sin mancha porque nunca hubo pecado alguno en Jesucristo y Su justicia extermina por completo nuestra injusticia.

Después de que Su pueblo haya ingerido el cordero, toman su sangre y la ponen en el dintel. Asan al fuego este cordero y comen de él la noche antes de marchar, acompañado del pan sin levadura y las hierbas amargas. *Así* se preparan para dejar Egipto. Aquí se desarrolla buena parte del *éxodo*.

El éxodo no sólo exige que estés lavado y marcado con la sangre del Cordero; también es necesario que participes de Su carne. Al consumir a Cristo dentro de ti, creces y das fruto. Esta es la fuerza necesaria para dejar atrás Egipto y adentrarte en el temible desierto de la fe desnuda.

Aunque hallarás libertad en ese desierto y muchas dulzuras celestiales que te sostendrán a lo largo de un duro peregrinaje, es un lugar mucho más difícil de soportar que tu primera cautividad.

Como ves, el amor *propio* de hecho *prefiere* estar *sobrecargado* de trabajo y actividad (*incluso* haciendo ladrillos) antes que estar libre y empleado en la posesión de reinos celestiales (la Tierra Prometida y el propio Señor). Ser cautivado por las cosas que comportan la conquista del reino celestial asesta un duro golpe a la naturaleza de la vida del ego porque —y a veces es la única razón— en este tipo de trabajo no hay resultados visibles. Al amor propio le gusta ver lo que ha conseguido y que pueda ser evaluado de una forma externa.

Las hierbas amargas nos traen a la memoria cosas pasadas que fueron amargas y también nos hacen recordar las cosas que deben morir dentro de nosotros en la medida en que nos mudamos al desierto de la fe. Cuando entras en el desierto de la fe, pasarás por muchas mortificaciones.

El *pan sin levadura* se hace con pocos preparativos. Aceite y harina horneados; no se añade nada más. Esta es la vida sencilla, el estado *sencillo* del creyente. A partir de ahora, dispondrá de alimento sencillo. No hay una preparación elaborada de este alimento. No hay nada corrupto en él ni tiene toque dulce o exquisito. Por delante les espera un sustento sencillo, el sencillo sustento del Señor Jesús no elaborado como la mayoría de los hombres que participan de Él en sus rituales religiosos.

En cuanto a la carne del cordero, fíjate que está hecha al fuego y está asada. No se hierve ni se fríe, sino que se *asa:* la forma de elaboración más alta para esta clase de comida. Cuando consumes a Cristo de esta forma, el fuego del Señor viene a ti. Hay un fuego de amor; somos incendiados al participar y comer de este Cordero, un animal sin mancha.

Ahora le dicen al pueblo del Señor que deben comerse el cordero completo y que debe ser quemado al fuego si todavía quedan restos al amanecer. Es obvio que en esta fiesta judía estamos viendo una imagen de la venida del Señor Jesucristo, ofreciéndose a Sí Mismo como alimento nuestro.

Pero hay algo más aquí, un recordatorio de que nuestro sacrificio también debe ser puro como lo fue el Suyo. El alma debe ser consumida en Dios allá afuera... en el *desierto* de la fe.

El sacrificio debe ser *completo;* no puede haber reserva alguna, nada se guarda. Es una ofrenda en el fuego, un holocausto que es totalmente quemado; no queda ningún resto. Todo debe ser consumido y devorado: la cabeza, los pies, las partes internas, las profundidades más interiores del alma: todo debe ser destruido para que no quede absolutamente nada, sea interior o exterior.

Le dicen al pueblo de Dios que incluso las partes más íntimas, aun las entrañas, deben ser quemadas. Aquí hay un sacrificio completo. Pero no te engañes. ¡Qué difícil es este sacrificio! ¡Es imposible describir cuánto le supone esto al alma! ¡Cuánto sacrificio antes de que por fin haya rendición!

¿Y dónde están aquellos, dónde está aquel que nada retiene?

Por muy difícil y anómalo que parezca, todo sacrificio a medias nunca puede llegar a la altura de este holocausto. Este sacrificio Dios lo reserva de una forma muy peculiar para Sí Mismo: una consagración sólo para Su gloria, llamando a otros a este sacrificio puro que le pertenece exclusivamente a Él.

Es cosa deplorable que muchos ilustres cristianos de renombre se hayan dejado sacrificar de tantas formas pero retengan sus «entrañas» —*sus partes más íntimas*— sin ser *sacrificadas*. ¡Ay, si conocieran la gloria que Dios extrae del sacrificio *puro* y *total,* y el beneficio que cosecharían por este sacrificio! Cuánto más generosos serían si se abandonaran sin reservas.

En este mundo, en muchas ocasiones, se oye decir: «ay, mira qué gran pérdida», cuando precisamente lo que están presenciando es *ganancia*. Y muchas veces se dice: «ay, menuda ganancia», cuando precisamente están asistiendo a una gran *pérdida*. Perderlo todo por Dios es ganarlo todo. Perder todo lo que tenga que ver con nosotros, permitirle introducirnos en Su gloria soberana sin mezcla o interés personal alguno: ese es el camino supremo y el más sublime testimonio del amor puro.

Pero el *sacrificio puro* es el sacrificio de Dios reservado únicamente para Él. Es el sacrificio divino de Jesucristo. Los demás siguen su patrón. En este sacrificio Él desea que todas las cosas sean destruidas.

¡Oh víctima santa y pura! Oh Señor, todos los sacrificios puros provienen de Tu absoluta inmolación. En *Ti* encuentran su fuente; el espíritu, poder y perfección de todos los sacrificios se encuentran en Tu sacrificio. Todos lo demás sacrificios no son más que *imágenes* del sacrificio puro y total. En todos los demás hay algo que la criatura desea y espera recibir. Hay algo que la criatura quiere que se le reconozca.

Ahora vemos que el Señor le dice al pueblo que se marche comiendo. ¡Salimos por un sencillo comer de Jesucristo!

Entonces les da más instrucciones sobre «la salida». Les dice: «ceñidos vuestros lomos, vuestro calzado en vuestros pies y vuestro bordón en vuestra mano, comed cuando salgáis». Esta es la Pascua, este es el conducto de salida que Dios prepara.

¿Qué significa ceñirse los lomos? Expresa la pureza de obediencia a la voluntad de Dios. Es un vínculo dichoso. La pureza *exterior* de la *carne* no es más que un símbolo de la pureza *interior*, que es del *espíritu*. Hoy en día los hombres están muy dispuestos a ser puros *exteriormente* en las cosas que hacen o dejan de hacer, sin darse cuenta de que esto no es más que un *símbolo*, una inferencia de lo que debería estar *por dentro*. Debe haber una pureza del espíritu. *Toda pureza exterior* emana de una *pureza interior,* y si sólo lavamos el exterior lo *interior* queda *corrupto*. Todas las cosas deben empezar desde *adentro* y obrar hacia afuera.

La pureza interior consiste en una conformidad con la voluntad de Dios. Cuanto más presta sea esta conformidad, más puro es el espíritu.

Esto es fácil de analizar. En primer lugar, la voluntad del creyente se conforma a la voluntad del Señor en todas las cosas. En segundo lugar, la voluntad del creyente se asemeja a la voluntad del Señor. Después es transformada en la voluntad de Dios. En este punto es donde toda voluntad propia está muerta, donde debe ser aniquilada y adentrarse como ceniza en la voluntad divina. De este punto en adelante sólo podemos hablar de la voluntad de Dios: Su voluntad... en Él y en la criatura.

¿Y qué diremos de los pies? Antes leíamos que Moisés se vio obligado a descalzarse ante la zarza ardiente. Pero aquí observamos que el calzado está en los pies y esto representa un peregrinar. El creyente del Antiguo Testamento se come el cordero con prisas. Una travesía está a punto de comenzar. El sacrificio puro se está consumiendo dentro de ellos y está ejerciendo su voluntad devastadora. Y los pies están calzados; esto quiere decir que el alma se está adentrando en Dios. Aquí hay un vacío total y el Señor está llenando de plenitud esta inmensa oquedad.

Cuando un sacrificio se consuma de verdad, el vacío sólo puede llenarlo Dios Mismo; si cualquier otra cosa lo llena, no es un sacrificio puro y verdadero. El Señor vacía al alma del pecado y, en la medida que lo hace, llena el alma de dones y gracias. Después, vacía esa misma alma de Sus dones y gracias con el fin de llenarla únicamente de Sí Mismo; y este vaciar tiene el propósito de arrebatarle al alma su capacidad natural de ensancharse: el hombre natural es ablandado y abierto para que penetre la Vida divina.

Después de esto deben extirparse los residuos de la infección del pecado. Para esto Él prepara un fuego. El fuego es muy sutil, pero también muy destructivo. El fuego parece dañar al alma en vez de purificarla. La belleza de esta obra sólo puede contemplarse cuando ha finalizado, no durante el incendio. Es necesario que el fuego arranque los residuos arraigados en el alma para que no queden impurezas. Si hoy no puedes ver las impurezas de tu propia vida, lo profundas y sutiles que son, queda más claro que nunca que necesitas esta operación en tu vida.

Cuando esta alma fiel ha llegado a una pérdida total de su propiedad y sus parapetos, esa alma se está preparando para la unión... esto es, para la unión íntima.

Como he dicho, Él no deja nada vacío y rellena el hueco resultante en las facultades de ese creyente con Sus dones; después se lleva los dones y rellena el hueco consigo mismo.

El vacío total sólo puede llenarse por el Todo increado. Él ensancha la capacidad de recibir que tiene el alma en proporción al llenado y llena en proporción al ensanche. Jamás existe verdadero vacío en el alma.

¿Puede el alma dilatarse y contraerse? Esta es la pregunta. Cuando hay dureza en el alma, parece que literalmente se hace pedazos cuando se la dilata para recibir más del Señor. Pero el creyente debe darse cuenta que exactamente eso es lo que está sucediendo: un ensanchamiento para que entre más de Cristo. Cuanto más permita el creyente que el alma sea rasgada, tanto más rápida será la operación.

He de observar aquí que es muy difícil para el creyente someterse a estas dilataciones y contracciones. Trata de protegerse al máximo del daño aparente de todo esto. Aunque el creyente esté convencido de la verdad aquí expuesta, fracasa tristemente al ponerla en práctica... ¡y su fracaso es mucho mayor de lo que pudiera imaginarse! Cuanto más resiste el alma, tanto más prolonga su dolor. Por tanto, a causa de su infidelidad, muchos nunca llegan a esta vida de absoluto vacío y completa posesión.

Hay aquellos cuyas vidas transcurren entre el edificar y el destruir sin ser capaces de soportar un vacío en su propio interior. En el momento que llega el vacío, se produce una inmediata reposición con elementos de su propia cosecha: un deseo de acapararlo todo y de no perder nada. Las profundidades de la Vida divina y el caminar de esa Vida nunca se otorgan plenamente al alma hasta que haya un lugar vacante al que pueda mudarse esa Vida.

Casi nadie se rinde a esto y aquellos que han experimentado lo que estoy diciendo entienden perfectamente lo que digo.

Ahora, en el versículo 15, el Señor le dice al pueblo que ingiera pan sin levadura durante siete días que y a lo largo de ese tiempo no debe haber pan leudado en sus hogares.

Yo veo esto como un período de tiempo significativo. Quizás estemos viendo aquí una referencia a un período de siete años en los que el alma del creyente debe pasar por un período de pérdida —la paulatina pérdida de sus propias ideas— antes de que sea posible entrar en el desierto de la fe desnuda. El Señor deja bien claro que aquellos que guarden pan con levadura y coman pan con levadura serán cortados de Israel: es decir, nunca podrán obtener un interior purificado.

En el versículo 23 el Señor hace una promesa de que Él herirá a los egipcios y que, cuando vea la sangre en el dintel, pasará de aquella puerta y no destruirá a los de dentro. Los marcados con el sello y con la sangre del Señor Jesucristo no tienen nada que temer. Él es fiel con los que están experimentando su salida de Egipto, con los que han depositado su confianza en Su sangre y en nada más; los que, por la pérdida de toda justicia propia, se ven felizmente obligados a desesperar por completo de lo que está en su interior. Están más a salvo que si poseyeran todas las cosas, pues están marcados con Su sangre y todo su mérito reside en esta sangre. No hay otro mérito.

El Señor les dice: «En los años venideros vuestros hijos preguntarán "¿qué Pascua fue esta?; ¿qué es este rito vuestro?; ¿qué hicisteis allí?" Y vosotros responderéis: "Esta fue la Pascua, cuando el Señor pasó de nosotros e hirió a los egipcios"».

¿Qué forma de glorificar a Dios es ésta?

Cuando pregunten «¿qué significa todo esto?», diles que aquí está el sacrificio puro del Señor reservado en exclusiva para Él. Esto marca el camino de salida, cuando el alma se ha adentrado en Él con la pérdida de toda norma establecida. Y, en esa hora, la persona verdaderamente interior hará como hicieron los hebreos; inclinará su cabeza, se someterá y adorará ante este hecho: que despojan de todo a la criatura para restaurar ese todo a Dios.

El Señor le dice a Moisés que esta es la forma de llevar a cabo la Pascua y que ningún extraño comerá de ella. Yo veo esto como el estado del alma en una senda misteriosa: se traslada desde Egipto hasta desierto de la fe desnuda. Si un creyente no le pertenece completamente al Señor, esta experiencia será algo que no puede entender y de lo que no puede participar. Sólo el abandono permite una correcta nutrición. Aquí hay un alimento sencillo, amargo y difícil: un estado de despojo. Los extraños no pueden saborearlo ni tampoco puede alimentarlos. Así que no te sorprendas de que ni siquiera puedan entenderlo. Pero aquí hay una comida verdaderamente deliciosa para los llamados y escogidos.

Ahora llegamos a un punto crucial y muy interesante. Los extraños no comerán de esta comida ni participarán de esta travesía a menos que se circunciden. Hay personas que han sido llevadas a ver el camino interior de mano de personas elegidas en particular por el Señor para compartir estas cuestiones. Estas personas comen de este camino, pero también existe en ellos un espíritu mercenario que busca sus propios intereses. No pueden comer de esta mesa *hasta* que renuncien a sus deseos de ganancia personal. Han sido vetados.

Y si llega un extraño que desea unirse a ellos y entrar en este estado, primero debe cercenar todo lo que pertenezca a sus antiguas prácticas. Que se le permita venir y asociarse con ellos sólo después de una disociación de Egipto. Que se le permita entrar junto a ellos en el mismo estado y allí compartir la *comida de la travesía*.

Ahora el Señor nos dice en el versículo 49 que hay una sola ley, tanto para el extranjero como para el nacido natural (aquellos que entran con facilidad en los caminos de Su Reino y aquellos que lo encuentran difícil). Hay una misteriosa aniquilación de las cosas interiores y una travesía indispensable para ambos. El Señor no cambiará la ley de las cosas que son espirituales.

13

Hay una cosa interesante que el Señor hace en el versículo 17. Declara que no permitirá que Su pueblo que acaba de salir de Egipto huya a tierra de filisteos; después explica Sus razones: si en este punto el pueblo de Dios sostiene batalla, se desanimará tanto que volverá a Egipto.

Aquellos que empiezan su viaje saliendo de las tierras de Egipto y que acaban de entrar en el desierto de la fe muy raramente sufren grandes conflictos morales durante este período. Ya llevan una gran carga a sus espaldas. Enfrentarse ahora a los filisteos, a los poderes de las tinieblas, sería una gran pérdida. Si la tentación empieza atacándoles al *principio*, es muy probable que vuelvan a sus antiguas prácticas. Necesitan algo de tiempo para confirmarse en esta nueva senda por la que caminan.

En vez de ir a la tierra de los filisteos, deben tomar una ruta más larga. Al adentrarse en el desierto, el pueblo no confronta guerra porque de aquí en adelante será el Señor quien pelee por ellos. Puede que otros enfrenten batallas y la gracia les sostenga, pero en esta nueva vida de fe no es así. El alma se encuentra bastante debilitada y, aunque es muy sensible ante el amor, no es fuerte para la batalla. Es mejor atravesar el desierto de la fe que soportar la terrible prueba de la guerra. Es probable que el desierto te parezca un lugar más protegido; en realidad, la ruta a través del desierto es más larga y también más dolorosa.

Ahora fíjate en ellos mientras caminan adentrándose en el desierto donde el paisaje siempre es el mismo. Miran al cielo y ven una nube. Habrá luz de día y luz de noche. Este es el Señor en persona que cuida de estos abandonados. Ahora Él es lo único que les queda. Él cuidará de ellos y los guiará. No los deja solos ni un momento. Según avanzan y van dejando sus pisadas por la arena, miran hacia arriba y se dan cuenta de que *Él* los va guiando. Por primera vez, están aprendiendo a seguir a un Señor que es luz y guía.

¿Y qué quiere decir esto para ti al irte adentrando en el desierto de la fe? Significa que hay una luz dentro de ti, una nube y una columna de fuego. El Cristo interno, el que habita en el interior, está ahí para guiarte. Ya no buscarás cosas mentales objetivas que te sirvan de guía. Las cosas externas y superficiales cada vez encontrarán menos sustento bajo el liderazgo del Señor. Seguirás a una nube y a una columna de fuego.

Esta no es una luz palpable; es bastante difusa. Con esto se evita que el alma se distraiga fácilmente *sabiendo demasiado* de lo que el Señor está haciendo.

El Dios que atenúa el calor del día también disipa un poquito las tinieblas de la noche del desierto. Esta gracia otorgada por Dios es una de las cosas que permite preservar al alma en este temible desierto. La nube y el fuego son constantes compañeros de aquel que se atreve a salir de Egipto y andar el camino del éxodo atravesando el desierto de la fe en Él.

14

Ahora el pueblo del Señor ha abandonado Egipto y se cierne sobre ellos la primera prueba del desierto de la fe. Deben dejar atrás el miedo y enfrentarse a la realidad. Los egipcios les están dando alcance y están muy asustados. Le dicen a Moisés: «¿No había ya suficientes sepulcros en Egipto? ¿Por qué nos trajiste a este lugar para morir?».

El camino de la fe es algo nuevo para ellos. Son aprendices. No conocen los caminos del Señor. Hay muy pocos lo bastante entregados a Él como para no arrepentirse de su decisión y del primer encuentro con el desierto. De un lado, están a punto de caer en manos del enemigo; del otro, están a punto de ahogarse en el mar. La muerte parece inevitable. Y si la muerte es inevitable, ¿por qué no morir en Egipto? ¡Egipto es mucho mejor!

Moisés les dice «no temáis».

Y yo diría, querido amigo, «no temas». La muerte es inevitable; no puedes ser librado de ella. Has sido despojado de tu fuerza y tampoco vas a encontrar ayuda en ninguna otra criatura. Tu Señor conoce una salida, una que se abre camino justo por el medio del temible mar. Sólo tienes una encomienda que consiste en *no* abandonar el estado de abandono.

En este punto el alma no puede recordar los milagros. Todo está oscuro. La angustia supera cuanto pueda expresarse y todo se tiñe con la imagen y la sombra de la muerte.

Ánimo, alma querida. Has llegado al borde del Mar Rojo donde pronto verás al enemigo recibir su recompensa. Mantén tu rumbo actual. Sé inamovible, como una roca. No busques una excusa para moverte de donde estás.

Ahora el Señor luchará por ti. Muchas personas se vienen abajo en este lugar. No encuentran la salida. Se paran aquí y nunca siguen avanzando.

Si estás ayudando a otro cristiano en esta disyuntiva, es importante tener amor y paciencia, sobrellevar todas las quejas que provienen de su temor a la pérdida.

Moisés no sabe qué hacer y acude al Señor. El Señor dice: «¿Por qué clamas a mí? Dile a mi pueblo que marche». Su bondad y poder relucen en momentos de extrema necesidad. ¿Qué necesitas en este punto? Sólo coraje y abandono. Y este profundo mar que engulle a todos los demás se mostrará seco para los que verdaderamente se abandonan. Hallarán la vida donde otros hallan la muerte. Sólo tienes que marchar hacia adelante.

Moisés tuvo que tomar una decisión. La decisión abarcaba la posibilidad de caminar sobre tierra firme. Es necesario que tu espíritu esté separado de tus sentidos externos. Cuando esa división está hecha, el alma puede caminar en un ciego abandono y cruzar felizmente el mar. Aunque es piedra de destrucción para algunos, también es refugio de salvaguardia para otros.

Ahora se aparece el ángel del Señor y los egipcios están a un costado del ángel y el pueblo de Dios al otro, de forma que los dos campamentos quedan separados durante la noche.

He aquí una bella imagen de la ayuda que proviene exclusivamente de Dios. Israel no tiene otro auxilio. Ni siquiera aquí son conscientes de que Dios les sustenta. Ni poco ni mucho: no ven nada. Esta es la disposición adecuada para entrar en el mar: sin garantías y enfrentando pérdida. Parece como si ahora no tuvieran nada de Dios. No hay nada de Él que les sea familiar. Pero el ángel de Dios está detrás de ellos, invisible, protegiéndoles. *Nunca han estado más protegidos que ahora.* Este es Su proceder con aquellos que toman el camino de salida. El Señor anula los poderes de Satanás sobre almas así.

Ahora Moisés levanta la vara y un fuerte viento empieza a soplar. El mar se seca y el mar se divide. Su pueblo camina sobre tierra seca.

Por favor, hay que darse cuenta de que es el Espíritu Santo quien hace posible la separación entre las dos partes: la parte de nosotros que es animal y la parte de nosotros que es espiritual. Aquí el agua actúa como pared para proteger al pueblo escogido de Dios. El agua que de manera natural es algo mortífero, escuda y garantiza la seguridad ante un ataque. Pero observa una cosa: Moisés fue quien extendió su mano para dar la señal de división de las dos partes. El Espíritu Santo hizo el trabajo.

La división de tu ser (entre alma y espíritu) no es realizada por medios humanos; esto está reservado únicamente para el Espíritu

Santo. En el desierto de la fe, los tórridos vientos en medio de la oscura noche secan las aguas traicioneras. Él separa lo exterior, los sentidos externos, del espíritu profundo y abundante. Separa alma y espíritu. Esto puede llevarse a cabo con mucha facilidad cuando el alma queda reducida a su último estado de agotamiento. Cuando el alma se encuentra en el estado de extrema sequía por la pérdida de sus habilidades interiores y de todos los poderes de sus facultades (cuando una gran sequía hace que todo fluya hacia el centro), el Espíritu puede discernirse mejor.

Ahora los egipcios persiguen alocadamente al pueblo de Dios con carros y caballos. Entonces el Señor interviene. Todo Egipto es arropado por grandes olas.

Cuando el alma egipcia encara este momento quizás llegue a creer que también puede cruzar por tierra seca. Pero será atrapada y engullida por las olas.

El llamado divino para marchar adelante sólo puede darlo el Señor. Sólo el Señor absorbe al alma y la reduce a la nada. Cuando Él es la autoridad y el director espiritual, hace que estas cosas sucedan. En este punto, el único elemento que falta en el éxodo es que el alma ofrezca su pleno consentimiento a todo lo que a Dios le plazca que le sobrevenga, bien sean experiencias que el alma ya conoce o no lo sean.

15

La salvación ha llegado y en un instante el pueblo de Dios prorrumpe en una alabanza triunfal. Al ver caballos y jinetes echados al mar por mano del Señor, se eleva un salmo de agradecimiento.

El alma, cuyos ojos están abiertos, canta al Señor un nuevo cántico tras producirse esta primera liberación tan grandiosa. Este es el verdadero gozo de la libertad. Es una experiencia que llega tarde o temprano a todos los fieles y abandonados. Hasta llegar a este punto se han venido produciendo milagros y extraordinarias providencias, pero los ojos del pueblo de Dios no estaban lo bastante apercibidos como para ver las maravillas de Dios. Ahora lo están, y cantan, alaban y dan gracias con inspiración. Han conseguido entender algunos de los atributos de Dios y atribuyen a este

Dios todo cuanto les ha acontecido. Son fieles y le dan toda la gloria por lo que ha hecho en beneficio suyo.

Los abandonados alaban.

Ahora en el versículo 22 vemos que, tras atravesar el mar, se adentran en el desierto de Shur. Caminan tres días por el desierto y no hallan agua. En un futuro, este pueblo que sigue a Moisés y a Dios dispondrá de un cimiento firme en el que sustentarse para cruzar el desierto abrasador que se extiende ante ellos. Pero ese sólido cimiento aún no ha llegado. Les esperan por delante cosas mucho más espantosas que tres días sin agua.

¡Tras salir de Egipto y cruzar un mar de muerte siempre nos da por pensar que nuestras miserias han llegado a su fin! Sí, parece que *siempre* pensamos esto. ¡Pero las calamidades no han hecho más que empezar! Hemos disfrutado de una nueva vida, hemos disfrutado de un bienestar: todo parece haberse cumplido. Nuestros problemas ahora quedan atrás. Pero *encontrar* a Dios no significa haber poseído totalmente a Dios. Por otro lado, este estado no es un estado donde Él nos posee, que es aquel estado que exige un amor de enorme pureza y mucho más alto del que tiene un pueblo con sólo tres días de desierto a sus espaldas.

Es fascinante que tanta gente tenga el coraje de cruzar el Mar Rojo ¡y que haya tan pocos que se aventuren a caminar *lo que sigue* al Mar Rojo! Lo vamos a ver enseguida.

Necesitas liberarte de toda actividad e interés externos y que nunca empieces trabajos que hayas dejado atrás.

En los muchos estados involucrados en la *vida interior* has de saber que cada nueva etapa, cada nuevo nivel, está *precedido* por un sacrificio. Después hay un *abandono de ti mismo* y después siempre se experimenta un estado de absoluta *miseria*. Y esto no sólo ocurre una vez en tu vida, sino una y otra vez, profundizando más y más en el Señor.

En la senda donde se purifica tu amor por el Señor, tu alma pasa primero por el *sacrificio;* es decir, asciende hacia Dios. Después, el alma *se abandona* a Él. Por último, *se* desnuda ante Él o bien *la* desnudan ante Él (quizás la desnude Su propia mano).

La profundidad de los ciclos varía según la capacidad y la luz que Dios otorga al creyente en cada una de ellas.

Paulatinamente, el alma del creyente entra en el estado que yo denomino «fe desnuda». Aquí el creyente se da cuenta de que su alma difiere tanto de otras almas (y de lo que era ella misma en el pasado) que quiere hacer un nuevo sacrificio: quiere permanecer en un constante estado de sacrificio, abandono e indigencia.

Quizás pienses que, en este punto, este tipo de creyente habrá avanzado a un estado de madurez interior; pero es todo *lo contrario*. Regresa de la edad adulta a la infancia, casi al estado de un bebé recién nacido.

Ahora bien, aunque algunos soportan la desnudez ¡sólo la soportan en *un área* y no en otra! Los que son capaces de entregar esta área fracasan en aquella otra. La mayor parte de los que se entregan al camino interior repliegan velas tras una primera entrega a esta senda o se reservan algo para sí mismos en algún área de su vida.

Dicho esto, digo con plena certidumbre que tras el Mar Rojo *siempre* hay un desierto. Es un lugar extraño de extraña apariencia que debe caminarse. Este periodo de expoliación durará tanto que la inmensa mayoría sucumbirá al duro trato.

Entretanto, el alma del creyente ya no posee nada para sí misma. Por lo tanto, nada satisface al alma y se ve en un desierto sin agua. Al creyente no le cabe la menor duda de que morirá de sed.

Ahora el pueblo de Dios llega a Mara. El agua de allí es amarga y se preguntan qué van a beber.

En este punto, cualquier agua ofrecida desde las alturas es tan amarga que no puede beberse. Es cierto que muchos no pecan en este arrebato de murmuración. Es un instinto de supervivencia; no murmuran en su espíritu. Sin embargo, también es cierto que los instintos naturales de supervivencia pueden atacar al espíritu y esta murmuración puede dejar de ser una cuestión del instinto de supervivencia y *convertirse* en amargura y rebelión. Quizás esto sea difícil de entender, ¡pero se puede *murmurar* en un estado de abandono! (Aunque esto no sucede no en un estado de desnudez).

Ahora el Señor le muestra a Moisés un árbol; arroja el árbol a las aguas y las aguas se endulzan.

Aquí estamos viendo al árbol de la cruz que, echado a las aguas de la amargura, tiene el poder de endulzar lo amargo. Esas cosas que llegan a nuestras vidas se hacen más llevaderas mediante la cruz. El Señor da un respiro al alma en este horrible desierto y el alivio llega a través de la dulzura de la cruz.

Esto es difícil de entender por aquellos que no lo hayan experimentado.

¡Cómo habrá de entenderse que, en un estado de vacío, en el desierto de la fe donde el alma no experimenta ni dolor ni placer, el sufrimiento alivie al alma de este problema! ¡Menuda paradoja! Pero el amor propio es extraño. Es tan celoso de poseer algo... lo que sea... ¡que antes prefiere *sufrir* a no tener *nada!* Soportaría mejor una gravosa enfermedad que no sentir ni bien ni mal. ¡Ha de sentir *algo!*

Aquellos que han experimentado este estado, este preliminar a un vacío absoluto, tendrán que confesar que lo que aquí digo es cierto. No hay nada más espantoso que un *vacío absoluto*. Y, si sobrevivimos sustentados en algo, da igual lo terrible que sea el dolor, estamos más contentos que cuando tenemos un sentido de vacío.

Es entonces cuando sucede aquello que decíamos y que es de lo más inusual: Dios está otorgando un *consuelo* aquí, en el alma del creyente. ¡Un consuelo que es un sufrimiento! Sufrimiento que riega el alma del creyente y, por tanto, trae consuelo.

Enseguida el pueblo de Dios llega a Elim, donde hay doce fuentes de aguas y setenta palmeras. Después del Mar Rojo, después de mucha fatiga y aflicción, el Señor proporciona un tiempo de descanso sanador. Siempre hay un lugar de refrigerio con sombra y agua. Es la manera en que el Señor ofrece un respiro tras el padecimiento de la cruz.

El alma que no tiene mucha experiencia en los caminos del Señor cree que ya ha obtenido la victoria en este punto. Sí, es verdad que las cosas del mundo y del reino de las tinieblas han quedado en el Mar Rojo. Pero ahora hay que lidiar con el Señor y Él es el responsable de la mayor parte de los padecimientos del creyente.

Observa que aquí hay doce fuentes, una por cada tribu. Doce fuentes para doce tribus que, sin embargo, forman un sólo grupo de personas interiores. Estas doce fuentes son el Señor Jesucristo fluyendo desde lo profundo de Sí Mismo hacia el profundo *interior* de aquellos que son fieles.

16

Hambrientos y sin comida, tras partir de Elim los hebreos murmuraron contra el Señor y Moisés. Hubieran preferido morir en Egipto donde podían saciarse que morir de hambre en el desierto. El Señor envió un maná para su sustento.

Alejado del espíritu, el hombre que procura vivir en base a sus propias fuerzas es débil y necio. Sin embargo, el cristiano maduro tiene una responsabilidad hacia estos creyentes débiles y os exhorto a que seáis pacientes con ellos. Están empezando a descubrir lo *poco* que pueden ofrecerle al Señor (como nos sucede a todos nosotros) y ven que este hecho es difícil de sobrellevar. Su infidelidad natural les impide mantenerse en el estado pasivo que Dios desea para ellos. Culpan a sus maestros y consejeros de su malestar. La luz y la dulzura que solían experimentar en el Señor se les escurre entre los dedos. Lo que no terminan de ver es que el *fervor* que sentían por el Señor en aquel delicioso estado tenía más de *sensual* que de *espiritual*.

¡Es difícil para nosotros, seres carnales, volvernos espirituales y sólo contentarnos con la fe de Dios! Muchas veces, no abandonamos nuestro camino interno cierto tiempo porque queramos, sino sencillamente porque nuestra naturaleza carnal, al sufrir por verse desnuda, toma la sartén por el mango y hace lo que le viene en gana.

Muchos de los que progresan en el camino interno ignoran lo que les está sucediendo. Creen que le agradaban más al Señor en su estado temprano por ser más complaciente. Piensan «si me hubiera muerto *entonces*, mi condición ante Dios habría sido muchísimo mejor que la que tengo ahora».

Vemos la bondad de Dios respondiendo a la murmuración de este pueblo en el *maná celestial*. Esta misma recompensa, este sustento que Dios les concedió, muestra que su descontento no era un acto de su voluntad.

Aquellos de vosotros quizás más viejos y maduros en el Señor que tengáis personas como estas bajo vuestra tutela, tened compasión de ellas. Son dignas de ello. Comportaos con ellos como Dios se comporta; y, sobre todo, dadles ánimos para que continúen buscando al Señor en el interior. Cuanto más débiles sean en apariencia, tanto más necesitan de una comunión con su Señor para nutrirles y fortalecerles. Como sucede con el maná, el Señor anhela que mientras estén necesitados le reciban *a Él cada* día como alimento y, de este modo, como Él dice, «puedo yo probarles, a ver si andan o no en mi estatuto».

Esta es la única prueba que Dios anhela en este momento para estas almas fieles. La prueba impuesta consiste en saber si aceptarán o no aceptarán las *bendiciones* que Dios les ofrece. A causa de su infidelidad, se ven tentados muchas veces a apartarse de su camino de cercanía con el Señor; pero Dios ansía probarles para ver si cada día le aceptan con fidelidad. Esta es Su manera de confrontar su obediencia. Quiere saber si obedecerán a pesar de sus reticencias y al mismo tiempo están dispuestos a admitir sus reticencias.

El Señor ofrece *días de descanso* cuando *Dios Mismo* impide que recojamos el maná que ya ha apartado para nosotros. Pero este estado es sólo transitorio. El Señor ofrece un breve descanso y luego hace que el creyente vuelva a la labor diaria de procurarse el sustento. Pero el creyente sigue alimentándose del maná oculto que recibió y extrayendo de él una doble porción de gracia. Estos momentos de descanso en Dios proporcionan al creyente más sustento que cualquiera de sus trabajos.

La paciencia de Dios hacia estos creyentes débiles debería servir de ejemplo a todo aquel que tenga bajo su cuidado a jóvenes santos. Un claro indicio del avance de una persona es cuando no se sorprende ni enoja al ver las debilidades de otros y las juzga según la verdad. En cambio, aquellos que tienen poca luz cargan a los débiles de reproches y penitencias. Al hacer de la perfección una meta inalcanzable, estos maestros poco comprensivos les disuaden de seguir adelante.

¡Menuda imagen de la comunión interior con Cristo contemplamos en el maná del cielo! Qué glorioso misterio que aquel que sólo recibe una pequeña porción no tenga *menos* realidad interior de Cristo que aquel que más recibe, y aquel que toma un trozo mayor no tiene más que aquel que es partícipe de menos. Cada cual no recibe más ni menos de lo que puede comer: en otras palabras, *todo* lo que comprende la persona de Jesucristo queda *totalmente* contenido en la porción más pequeña y más grande.

En esta maravillosa realidad del maná, oh Señor, Tú Mismo te ofreces plenamente a todo aquel que te busca.

Esto también es una imagen del estado Divino; *cada* creyente tiene la plenitud de la vida de Cristo según su capacidad. El principiante está tan lleno como el avanzado. Aunque el cristiano más maduro posea una capacidad mayor, el mismo Dios es todo en todos y Él es todo en cada uno de ellos. Sólo Él puede formar su plenitud y verdadera satisfacción.

17

*L*os israelitas refunfuñaron acusando a Moisés de sacarles de Egipto para ir a morir de sed al desierto. El Señor prometió darle a Moisés una roca singular; Moisés golpeó la roca y brotó agua de ella.

La angustiosa sed que debe soportarse en este sendero simboliza el amor propio. Este pueblo, apreciado y escogido, murmuraba contra Dios. Pero, en Su infinita misericordia, Dios no se cansó de proveer para ellos. Brotó agua de la peña (las aguas de la gracia) para aliviarles; y Dios reposaba sobre esta peña porque Él es la fuente de esta gracia. Es muy difícil permanecer totalmente rendido al Señor y siempre habrá aquellos que —ahora y entonces— se retraigan. Pero Dios hace brotar agua de la peña como prueba de la inmutabilidad de Sus bendiciones hacia aquellas mismas personas que, a veces, le son infieles.

Moisés le dio su verdadero nombre a esta *imperfección* del pueblo llamándola *tentación* porque decían: «Veamos si el Señor está o no con nosotros». Estaban tentando a su Señor.

Es imposible no desear señales, en especial cuando somos guiados a través del desierto como este pueblo. La *duda* nos hace *vacilar*. No somos capaces de permitir que nos desnuden por completo. Esto hace que nuestro tiempo de residencia en el desierto *se alargue en la misma medida*. Por esta razón, casi todos mueren en la senda antes de llegar a la Tierra Prometida.

Los israelitas confrontaron un enemigo formidable: los amalecitas; y Moisés envió a Josué a luchar con ellos mientras él se situaba en una colina. Cuando Moisés alzaba sus manos Israel prevalecía, pero cuando bajaba sus manos Amalec prevalecía. Aarón y Hur se situaron a ambos lados de Moisés para sostener sus manos y así Josué venció a Amalec.

Aquellos llamados a seguir al Señor casi seguro sufrirán persecuciones. En su afán por destruirlo, el hombre natural pelea contra este pueblo. Las manos alzadas de Moisés representan nuestra *fidelidad* para mantener el *corazón elevado hacia Dios* mediante el abandono, la fe y nuestra determinación de mirar *solamente* a Dios sin importar los enemigos que podamos tener. Y alcanzamos fácilmente la victoria cuando nos mantenemos en este estado.

Pero cuando Moisés baja sus manos —esto es, cuando recaemos en la introspección del ego— enseguida somos derrotados. Nuestra naturaleza, viéndose inmersa en su debilidad, pierde el rumbo en vanas disquisiciones desde el instante en que empieza considerarse a sí misma en vez de considerar a Dios. En ese momento entramos en el campo de la duda y la incertidumbre, del dolor y la inquietud, y viene nuestra derrota. En este estado, Amalec (que denota el amor propio y el amor natural, los únicos enemigos que quedan en pie ante el creyente que ha llegado a este punto) toma rápidamente la ventaja.

Para evitar dicha derrota basta que permanezcamos en la roca —sujetarnos con firmeza en un estado de rendición y habitar en el reposo del abandono— mientras la fe y la confianza nos sostienen en nuestra angustia como manos alzadas hacia Dios.

18

Jetro, el suegro de Moisés, entró al campamento de los israelitas en el desierto y vio que Moisés llevaba toda la carga, tanto de los asuntos seculares como de los espirituales. Aconsejó a Moisés designar varones de virtud para manejar problemas y disputas menores para que Moisés pudiera reservar sus fuerzas para la guía espiritual. Moisés aceptó el consejo de Jetro y lo puso en práctica.

El consejo de Jetro fue un excelente consejo para los guías espirituales y hay dos reglas importantes que aprender aquí.

Primero, Jetro instruyó a Moisés diciéndole que su tarea (y la de los líderes espirituales en general) consistía en permanecer alejado de los asuntos mundanos de su pueblo para procurar su perfección y que la gloria de Dios permaneciese en ellos, dejando los asuntos del día a día a otros. De esta forma, los líderes espirituales no se verían agobiados con una carga que les privaría del tiempo necesario para entregarse a cuestiones de calado eterno. Además, ya que Dios no les ha impuesto que gestionen asuntos temporales, no deben interferir en ellos.

En segundo lugar, aquí hay un ejemplo maravilloso de la humilde aprobación por parte de Moisés del consejo de su suegro. Aunque Moisés estuviera tan lleno del espíritu de Dios y Jetro ni siquiera pertenecía a su pueblo, es necesario acoger la verdad y el buen consejo sin importar el lugar del que provengan. A menudo, Dios envía vasijas muy inferiores en dignidad y gracia para mostrar a los líderes que sólo Él es el autor de toda buena luz.

19

*L*os israelitas acamparon delante del monte Sinaí. Moisés subió a la montaña y allí Dios le habló diciendo que serían Su pueblo, reino de sacerdotes y nación santa, si los israelitas obedecían Su voz y guardaban Su pacto. Moisés pronunció estas palabras en presencia de los ancianos del pueblo. Entonces el Señor vino a Moisés en una nube espesa y dio instrucciones al pueblo de que no se acercaran a la montaña o morirían.

Bajo Sus tiernos cuidados, Dios provee un maestro (o consejero) a aquellos a quienes dirige en la fe; lo hace para ayudarlos a entender la voluntad del Señor. Aunque todos los pueblos le pertenecen a Dios, el pueblo interior es pueblo Suyo de una manera especial. Esto quiere decir que, si se rinden a Dios por completo, serán tan llenos de Dios que ninguna otra cosa podrá encontrar lugar dentro de ellos. Dios dice que serán escogidos de entre todos los pueblos.

Con vistas a que el pueblo de Dios, tan estimado para Él, llegue a un estado tan bendito, todo lo que les pide es que le obedezcan y se mantengan rendidos a Él. La expresión «guardad Mi pacto», podría expresarse como «permaneced en Mi unión».

El «reino» representa el poder absoluto que Dios tiene sobre las almas que no ofrecen resistencia en nada. Él es su maestro absoluto. No pasa lo mismo con otros —los que se poseen a sí mismos— porque, al estar llenos de su propia voluntad, desean miles de buenas cosas que Dios no desea para ellos. Él les concede estas cosas sólo a causa de su *debilidad*; pero Él reina en calidad de rey sobre aquellos que *ya no tienen voluntad que les pertenezca*.

Así pues, cuando Él enseñó a Sus discípulos a orar y a pedir que Su reino viniera (esto es, a que Él pudiera reinar por completo sobre ellos) también añadió que Su voluntad fuera hecha en la tierra *así también como en el cielo*. Esta oración pedía que la voluntad del Señor pudiera hacerse en la tierra al igual que los benditos la hacen en los reinos celestes, sin resistir, sin vacilar, sin excepciones y sin tardanza.

El Señor también dijo a Moisés que Su pueblo sería un «reino de sacerdotes», pues este reino está formado por sacerdotes. Serían una verdadera nación santa para Él; después de que toda la maldad terrenal en ellos hubiese sido destruida, solamente quedaría en ellos la santidad de Dios. Serían santos para Dios y no para ellos mismos. Dios no se limitó a decir «seréis una nación santa», sino «*me* seréis una nación santa».

Cuando el pueblo de Dios oyó por primera vez acerca del camino por el que Él quería guiarles, dieron su aprobación *por unanimidad* ofreciéndose como un regalo y sacrificio. Dios es tan bueno que trata de conseguir *nuestro consentimiento* antes de introducirnos en Sus caminos, que nos advierte conllevarán soledad y sufrimiento. Aunque es un rey soberano, gestiona sus funciones mandatarias con gran cautela respetando nuestra libre voluntad. Sin embargo, ¡tendemos a olvidar nuestro consentimiento y sacrificio cuando nos alcanza un poquito de dolor!

¡Cuán prestos y dispuestos estamos a ofrecernos en sacrificio! En nuestro fervor olvidamos nuestra debilidad, nuestra repulsa al sufrimiento. Al igual que este pueblo, enseguida contestamos «haremos lo que Tú quieras». Si nos detuviésemos en ese momento a considerar nuestra flojedad, nos daríamos cuenta que no podemos *nada* por nuestra cuenta. Si hiciéramos memoria de nuestro abandono a Dios, sabríamos que no tenemos ninguna voluntad, *¡ni siquiera la voluntad de abandonarnos completamente en manos de Dios!* En este punto, lo mejor que podríamos decir sería: «Que el Señor nos haga hacerlo todo y lo haremos, pues nuestra confianza está en Él. Por nuestra cuenta somos débiles y pecaminosos». Pero si uno confía y se apoya en sí mismo (que es orgullo en lo oculto) después siempre viene tropiezo.

La «espesa nube» muestra que Dios anhela que Su pueblo interior crea (con la fe como único sustento) que el que habla para dirigirnos es Él; ¡no deberíamos depender de las *señales!*

Para entrar en una nueva etapa gobernada por una nueva ley, esta santificación que Dios anhela es una nueva pureza: aquella del amor puro.

Al haber pasado ya por el estado de muerte, a Moisés tuvo permiso para estar en la montaña donde estaba Dios, quien es la fuente de este estado de amor puro. Como ya estaba purificado, fue conducido a la fuente de la que mana el propio amor.

Si algún otro intentaba tocar esta montaña, o incluso acercarse, tenía que pagar con la vida. El propio Señor dice: «Ningún hombre me verá y vivirá».

¿Pero cómo moriría? No por mano de hombre; Dios Mismo lanzaría saetas para perforar su corazón porque nadie puede amar al Señor con pureza sin perder su propia vida. Dios le aplastará con piedras, pues el corazón que no se ha dejado ablandar por las bendiciones que Dios derrama sobre él no es más que un corazón de piedra. Dios debe arrebatarle este corazón de piedra para darle un corazón de carne que pueda amar con pureza: un corazón blando y fácilmente moldeable, un corazón puro y nuevo.

A muchos les gustaría creer que la Palabra de Dios es todo dulzura. Ciertamente, es así cuando se considera Su Palabra en sí misma o cuando es acompañada por un tierno derramar de gracia, ¡como el que uno encuentra en los *albores* de la vida espiritual! *En ese momento* es dulce y agradable. Pero más tarde la Palabra de Dios puede resultar terrorífica para las almas que están siendo tratadas por el Señor... como si sólo conllevara amargura.

Cuando Dios se le apareció a Moisés por primera vez en una zarza ardiente, Moisés no tenía autorización para acercarse al fuego sin descalzarse. En el Sinaí, invita a Moisés a *introducirse en el propio fuego*. Esto es posible por la pureza del amor de Moisés que se ha desarrollado infinitamente. Cuando antaño Dios se le apareció a este fiel ministro para impartirle Su verdadero amor, lo hizo desde el fuego. Siendo puro amor y deseando ofrecer la ley del puro amor, Él ahora se presenta ante los hijos de Israel en el fuego del amor. Para encender tantos corazones se hace necesario actuar de este modo.

¿Pero cómo puede ser, Amor mío, que parezcas Tú aquí tan terrible? Te presentas así ante aquellos que sólo te ven en lo externo y en los efectos externos de Tu amor, un amor que, si nos mantenemos en un plano superficial, parece cruel con las almas que te son devotas; pero, internamente y en sí mismo, no cabe duda de que Tu amor es atractivo al corazón rendido.

¡Qué maravilloso que Dios le hable al creyente y el creyente le escuche! ¡El creyente le habla a Dios y Dios también le escucha! Pero suceden muchas otras cosas entre Dios y el creyente individual que nadie sabe. Para conseguir esto, Dios hace que este escogido suba a la cima de la montaña del amor. Es recibido en el propio seno del Dios, pero de una forma tan sublime e inefable que no hay modo de describirlo.

En tiempos así, todo lo que queda en el exterior (o en la parte más inferior del hombre) es cambiado y renovado por la pureza de este amor. Este hombre queda saturado de lo divino, no sólo por dentro, sino incluso por fuera. Estos santos (o más bien este santo, entre muchos millones de santos) no sólo ascienden la montaña, sino que suben hasta el pináculo de la montaña; porque era necesario que les fuera administrado este amor puro, tanto por causa de ellos mismos como por causa de otros. Deben absorber este manantial de fuego, convirtiéndose en un horno capaz de extender el fuego santo a muchas personas.

Vemos que la condición de Moisés ha cambiado. Antaño, en su humildad, se tuvo por indigno de hablar al Faraón y al pueblo de Israel. Ahora, en su profunda aniquilación, asciende sin dolor ni renuencia al más alto nivel en Dios para hablar con Él con familiaridad y para ser Su vasija escogida llena a rebosar de la vida de Dios. Es la aniquilación lo que hace que el hombre no se mire más a sí mismo ni mire su maldad. Al conocer la mayor bajeza, está por encima de toda alteza.

¡Qué bueno es estar unido a almas santas como estas! Aquello que ellas mismas poseen también lo alcanza la persona que está unida a ellas. Aunque todo el pueblo estaba unido a Moisés como niños a su padre, Aarón estaba entrelazado con Él de una forma especial: eran hermanos, tanto físicos como espirituales. Hay personas a quienes Dios une de esta forma bipartita; los demás, aunque unidos a ellos como hijos suyos, no son iguales a ellos en el ministerio. Había muchos sacerdotes en la línea de Aarón, mas solamente Aarón subió a la montaña. Sin embargo, Aarón no era en todo igual a Moisés; no fue elevado al mismo nivel. La comunicación que Dios hacía desde Sí Mismo hacia Sí Mismo de modo tan sublime estaba reservada para Moisés.

20

El Señor entregó Sus mandamientos a Moisés en el monte Sinaí. Al oír los truenos y el sonido de la bocina, al ver los relámpagos y la montaña cubierta de humo, el pueblo tuvo miedo. Le dijeron a Moisés: «Habla tú con nosotros y nosotros oiremos; pero no hable Dios con nosotros para que no muramos». Moisés les dijo que no temieran, pues Dios había venido para probarlos para que no olvidasen su temor y se abstuvieran de pecar.

Deseando someter al hombre a Su ley, Dios primero le recuerda las misericordias que ha derramado sobre él para que no considere que es una ley difícil. Dios desea que el hombre confíe en que este Dios que le ha sacado del cautiverio no lo volverá a poner bajo yugo, sino que, por el contrario, le proporcionará la gracia y fuerza necesarios para guardar Sus preceptos divinos.

«Pondré Mi Espíritu en vuestro medio —dice Él— y os haré andar en Mis preceptos y guardar Mis estatutos y hacer Mis buenas obras».

En otras palabras, Él Mismo llevará a cabo Su ley en aquellos que, abandonándose por completo a Él, le permitan actuar en ellos sin oposición.

Por esta razón, Su primer mandato es no tener a ningún otro Dios delante de Él: no depender de *ninguna otra fuerza* para observar Su ley, sino la Suya solamente. Él es un Dios poderoso que todo lo puede hacer por Su soberano poder. Es también un Dios celoso. No permite al hombre decir que puede obedecer los mandamientos de Dios por su propia fidelidad, esfuerzo o diligencia; es decir, por nada excepto por la fuerza de Dios. Siempre que nos mantengamos en esta relación con Dios, sin robarle nada que sea Suyo, la ley se hace fácil.

No miramos a la ley propiamente dicha (cuando lo hacemos, nos resulta muy difícil obedecerla); en vez de ello, la contemplamos *en* Dios y es aquí donde se la ve acompañada de *poder Divino* y vida Divina, superando toda dificultad y viviendo en sustitución de nosotros.

Este Dios poderoso y celoso promete vengar la iniquidad de aquellos que le odian. No está hablando de aquellos que simplemente violan la ley, puesto que tales violaciones no son todas intencionadas. Está hablando de aquellos que *a sabiendas* se desvían. Los que se desvían de Él para seguir sus propios caminos se hacen esclavos de la ley.

Pecan contra la propia ley. Han caído en una sutil idolatría, atribuyéndose a *sí mismos la fuerza de Dios*. «Esta fuerza mía me ha permitido hacerlo». No es verdad. La vida de Dios es lo único que puede dar la talla. Dios no perdona esta idolatría; juzga todas *nuestras* obras por esta ley. Estas personas se han hecho esclavas de sí mismas, pues Dios visita la maldad de los padres sobre los hijos hasta la tercera y cuarta generación. Cuando un hombre recurre a sí mismo buscando fortaleza, todas sus obras son puestas bajo esclavitud.

Pero, en los que aman, el amor se basta a sí mismo para cumplir la ley. A estos Dios les confiere gracia abundante. Aquí la palabra «gracia» significa el perdón de cualquier falta cometida en relación con la ley. Dios ni siquiera mira estas faltas. Cuando ve la rectitud de sus corazones y el deseo que tienen de agradarle, Él se contenta con el amor que profesan a la ley. No se detiene a mirar cuando fracasan al observar la ley. Les quita los grilletes. Por ello se dice que «en el amor no hay temor, sino que el perfecto amor echa fuera el temor»; este creyente está tan absorto en el amor de su Dios que sólo puede considerar este amor y no piensa en otra cosa. La sobreabundancia de este amor Divino les hace olvidar la ley y, no obstante, la cumplen a la perfección.

Hacer memoria del descanso de Dios —el Sabbath— significa permanecer en él; y nada produce santidad con tanta constancia que descansar con sencillez en el descanso de Dios, pues es el reposo de Dios en Sí Mismo: el reposo de Dios dentro del alma rendida y del alma en Dios.

Aquí se mencionan tres tipos de descansos.

El primero es Dios reposando en el alma que ha llegado a una unión con la voluntad de Dios; Dios habita en el alma y reposa allí. Esto es lo que Jesús describe cuando dice: «El que me ama, mi palabra guardará; y mi Padre le amará, y vendremos a él, y haremos morada con él».

El reposo del creyente en Dios solamente puede suceder después de la resurrección, pues fue por medio de la resurrección que

Él fue recibido en Dios. Es entonces cuando halla su perfecto descanso en Él; sus dolores e inquietudes han quedado atrás para siempre. Antes, Dios reposaba por completo en el creyente porque no practicaba el pecado y su voluntad estaba conformada a la voluntad de Dios; pero el creyente aún no hallaba su reposo en Dios por caminar en un sendero lleno de incertidumbres, dolores y dificultades. Sólo encuentra su verdadero descanso cuando ha entrado en Dios, donde habita en un estado tranquilo y duradero, ya no más a merced de las inciertas vicisitudes de la vida.

Sin embargo, el reposo de Dios en Sí Mismo es el descanso que Él disfruta en un alma que está completamente rendida a Él. Aquí todo lo que pertenece a la criatura ha desaparecido; solamente queda Dios. Aquí Dios descansa en Sí Mismo. No lo hace para ayudar al creyente: este ha entrado totalmente en Dios y no tiene un reposo diferente al Suyo. Él ya es dueño de todo cuanto pertenecía a la criatura porque ha habido una perfecta aniquilación de esta. Ahora se mantiene como «el todo en todos», tal y como Pablo lo expresó, y en esto consiste el reposo de Dios en Dios.

Al igual que los Israelitas cuando vieron y oyeron los temibles indicios de la presencia de Dios, el creyente que ve a Dios acercarse tiene miedo de morir. Sabe que para *verlo* es necesario morir. Desde el momento en que da comienzo el estado de muerte (que abarca un largo período), el creyente empieza a experimentar extraños temores y piensa: «Mejor hago un alto aquí y me ahorro desagradables pruebas». Guarda las distancias y quiere protegerse de la muerte. Piensa, erróneamente, que se está acercando a Dios cuando en realidad se está manteniendo a distancia. Engañado por el amor propio, preservará con celo su propia vida antes que dejarse llevar por una muerte santa que felizmente le llevaría de nuevo a la vida... *en Dios.*

Esto le induce a decirle al cristiano más sabio y más maduro que le está aconsejando (y se lo dice más con acciones rebeldes que con palabras): «Háblame tú mismo; mientras sólo me hables tú y acate las palabras del hombre y el caminar humano (al menos, en lo que mi mente alcanza a entender), no moriré. Pero si dependo en exclusiva de la palabra de Dios, si soy guiado por Él en la oscuridad de la fe plena… me temo que esto sólo me lleve a muerte y pérdida[1]».

Moisés le dice al pueblo «no temáis». Esto representa al sabio consejero que garantiza a los que están bajo su consejo que esta vez no hay nada de qué temer. La hora de la muerte aún no ha llegado; esto es sólo una prueba que Dios pone en nuestras vidas para ver si tenemos el coraje de entrar en la senda de la muerte.

Aunque este pueblo ya estaba bien avanzado en el camino interior, se mantenían a distancia; temían la muerte. Pero Moisés, que ya había pasado por la muerte y había sido revivido en Dios, no podía morir otra vez. Así que no tenía miedo: para él Dios ya no era un extraño. Dios y Moisés habían entrado en la unidad conjunta de una vida concreta: la vida Divina. Dios era en la misma medida *Moisés* y *Dios*. En este estado, lo que procura muerte a otros da vida a Moisés.

Aquí vemos a Moisés entrar en la densa oscuridad donde Dios está y así nos enseña que, sin importar la manifestación que Dios escoja en esta vida, siempre se esconde de nuestro entendimiento. Como mucho sólo podemos tener un conocimiento limitado restringido y cubierto por el velo de la fe.

---

[1] Nuestro amor propio no quiere reconocerlo, y ni siquiera nos damos cuenta de que nuestro corazón tiene estos temores, pero todo esto es verdad. Tenemos miedo de que nos guíe por tierras de sombra y de muerte. Señor, necesitamos una revelación de tu amor para rendirnos a ti sin temor.

El Señor hizo preciosas promesas a los israelitas. Dijo que enviaría un ángel delante de ellos para guardarlos en el camino e introducirles en la tierra prometida. Pidió que el pueblo obedeciera a este ángel y restringiera sus inclinaciones rebeldes. Además, les prometió que el ángel iría delante de ellos para enfrentarse a las tribus extranjeras del territorio y las destruiría.

Dios nunca falla en darnos este ángel en la medida que lo necesitemos. Este ángel es una imagen de aquellos que, en su gracia, Él nos da para que sean nuestros guías en los caminos de Dios, pero sólo pueden guiarnos hasta el lugar que ha sido preparado para nosotros. Después de esto, sólo Dios es nuestro guía.

El Señor nos pide que respetemos a estos hombres de sabiduría, que les obedezcamos y no los rechacemos porque Su nombre está en ellos. En otras palabras, estos hombres representan a Su persona, llevan Su palabra y actúan bajo Su autoridad.

24

El pueblo se comprometió a obedecer a Dios y hubo un pacto entre ellos sellado con sangre. Moisés y setenta ancianos de Israel subieron al monte Sinaí, contemplaron a Dios y comieron y bebieron en Su presencia.

Dios le dijo a Moisés que subiera solo a la nube de Su gloria y Moisés permaneció allí cuarenta días y cuarenta noches.

Ningún otro había alcanzado un estado tan sublime y un amor tan puro. Moisés era una fuente y desde ella la Fuente manaba al resto.

Moisés escribió las palabras del Señor para la posteridad. Dios hace que Sus siervos escriban lo que les ha comunicado acerca de Sus verdades Divinas y ocultas para que estas verdades permanezcan. De esta forma, muchos se beneficiarán de ellas.

Moisés envió a los más jóvenes de entre los hijos de Israel para ofrecer un sacrificio de paz al Señor. Este es un sacrificio que está reservado para los nuevos creyentes; su sacrificio es paz y dulzura. No sucede lo mismo con los creyentes avanzados; estos deben ofrecer holocaustos[2]. Sabemos que existen niveles diferentes entre los hijos de la gracia. Están aquellos que acaban de llegar al terreno del espíritu y al camino, y están aquellos que se han vuelto niños otra vez porque han llegado lejos. De igual manera, Moisés distingue entre dos sacrificios: uno «de paz» adecuado a los jóvenes y el otro «de holocausto» apropiado para los más maduros.

Cuando Moisés leyó en voz alta la ley, el pueblo prometió al momento y con firmeza que la guardarían. Pero él los conocía demasiado bien y percibió un orgullo secreto en su certeza. Se sustentaban en sus propias fuerzas y no desconfiaban lo suficiente de su naturaleza caída. No buscaban la fidelidad en su manantial natural: la bondad de Dios.

Moisés roció sobre ellos la sangre que estaba en los tazones. Esto era un símbolo de la sangre de Jesucristo para recordarles que la ley no podía cumplirse sin la fuerza proporcionada a través de Su sangre. Deben lavarse y ataviarse con esta sangre preciosa. El rociamiento de la sangre por parte de Moisés también les confirmaba que todo pacto entre Dios y el hombre se establece con esta sangre como telón de fondo. No existe otra base para un pacto entre Dios y el hombre.

Moisés se encontraba en Dios. Sin embargo, para los demás, la montaña entera se mostraba cubierta de oscuridad. Este estado

---

[2] Aunque en algunas versiones de la Biblia usted lea el término «holocausto» en Éxodo 24:5, este holocausto es una ofrenda de paz; por ello, al referirnos a los creyentes más maduros empleamos el vocablo «holocausto» con todo el sentido que esta palabra encierra (una destrucción total por el fuego), el cual está reservado para los postreros.

tiene una apariencia terriblemente oscura para el observador externo. Aquellos que lo experimentan son casi incapaces de explicar nada, así que a los demás les cuesta creer lo que están oyendo (sin importar las muchas pruebas que se les presente) hasta que lo experimentan por sí mismos.

Aunque Moisés ya había intimado con Dios conversando con Él con familiaridad, aún tuvo que esperar seis días a modo de período purificador antes de acercarse tanto a Dios. ¡Qué puro es Dios! Al séptimo día, Dios llamó a Moisés de en medio de la nube; y Moisés, al entrar, fue envuelto por completo, y estuvo allí cuarenta días y cuarenta noches. Cuando por fin regresó, estaba renovado y transformado y portaba la gloria de Dios.

Dios procede por niveles, tanto al revelarse a Sí Mismo como al conferir Su gracia. Ensancha la capacidad de la criatura poco a poco, no de golpe. Obra sólo hasta la medida que su hijo puede soportar.

Observemos a Moisés. No da un solo paso por sí mismo; no avanza siguiendo su propia dinámica. Aunque no se mueve ni un milímetro hasta que Dios se lo dice, se apresura a hacer lo que ha sido ordenado. Esta es la fidelidad necesaria en el estado de total pasividad, y más aún en la aniquilación. En este estado, el creyente que ha muerto a sí mismo se aplica a todo lo que Dios desea de él. No se anticipa a su Señor ni tampoco le resiste.

25

Aquí el Señor empezó a instruir a Moisés en la construcción del tabernáculo. Vemos tres patrones: el arca, el propiciatorio[3] con sus querubines y el candelabro.

Este santuario llamado *El* Tabernáculo representa el centro del alma y también del espíritu, la morada del Señor. Aquí acontece la unión de Dios y del hombre; aquí habita la Trinidad y se revela a sí misma. Este lugar concreto debe reservarse para el Señor. Debe estar vacío de todo lo demás, de tal forma que el Señor pueda allí morar y manifestarse a Sí Mismo. Este santo lugar es sólo para Él.

---

[3] También: trono de misericordia o expiatorio.

El arca estaba en este santuario; el oráculo de la palabra de Dios sale de en medio de ella. Hasta este momento, Dios había hablado con Su pueblo a distancia sin permanecer en un sitio en particular. De aquí en adelante, Él desea hablar y habitar en medio de ellos y hacerse conocer y escuchar en el santuario del centro de sus almas.

El oro fino y puro del propiciatorio denota la pureza que este centro del alma debe poseer con el fin de que Dios pueda mostrarse y pronunciar aquí Sus oráculos. Antes de servir en el propiciatorio, todo lo que sea terrenal e impuro debe ser purificado por el fuego. Después debe ser probado bajo el martillo.

Los dos querubines que cubren la mesa propiciatoria son la *fe* desnuda y el *abandono* absoluto. Aquí vemos un símbolo de cómo la fe envuelve al creyente evitando que se examine a sí mismo. El *abandono* protege al creyente en el otro extremo impidiendo que considere su propia pérdida o ganancia: le obliga a abandonarse ciegamente. Sin embargo, la fe y el abandono también se miran entre sí como los dos querubines en la cubierta del arca. El uno no puede existir sin el otro en un alma bien administrada; la fe responde perfectamente al abandono, mientras que el abandono está sometido a la fe.

Cuando el Señor describe los encuentros que tendrá con Su pueblo y cómo les hablará desde encima del propiciatorio, quiere dar a entender que de ahora en adelante se dará a conocer en el centro del alma, no en los sentidos externos.

El patrón al que Dios se refiere, mostrado a Moisés en la montaña, es Dios Mismo (en quien existen las ideas eternas de todas las cosas) y Jesucristo, Su Palabra, que expresa estas ideas. Todo cuanto se hace para la santificación de las almas ha de seguir este modelo.

$\mathcal{E}n$ el monte Sinaí, Dios instruyó a Moisés para que levantara el tabernáculo físico con un velo que separara el santuario (o lugar santo) del lugar santísimo.

Dios deseaba que el santuario estuviese separado del lugar santísimo. El santuario es el centro del alma y el lugar santísimo es Dios Mismo. Están unidos, pero separados. Están unidos en cuanto a que el centro está en Dios y Dios está en el centro. Sin embargo, están separados por una diferencia de estado; porque poseer a Dios en el centro es algo tremendo; pero que Dios habite en Sí Mismo para Sí Mismo: este es un nivel aun más sublime.

Este velo de división entre el santuario y el lugar santísimo también representa la división substancial que existe eternamente entre Dios y Su criatura, y la inexplicable unidad de amor y transformación operada a través de la aniquilación del alma y su reflujo hacia Dios. Dios sigue siendo Dios, algo discernible aparte del alma transformada, pero el alma —transformada por la vida Divina y por esta inefable unión— se hace una sola cosa con Dios[4].

---

[4] Juan 17:21; 1ª Cor 6:17

27

Este capítulo continúa con los detalles que Dios dio a Moisés en lo concerniente a la construcción de Su tabernáculo. Dios le dijo a Moisés que Aarón y sus hijos debían preparar lámparas y mantenerlas encendidas delante del Señor desde la tarde hasta la mañana. Esta adoración debía ser perpetua para los hijos de Israel. Esta lámpara puede compararse a la lámpara de nuestro amor por nuestro Señor, que siempre ha de mantenerse viva brillando ininterrumpidamente en su presencia.

El Señor le hizo a Moisés una descripción de la ropa que Aarón y sus hijos debían llevar cuando le ministraran a Él. En el pectoral del juicio que debían llevar puesto, Moisés debía poner el Urim y el Tumim. Yo veo el Urim y el Tumim como la Doctrina y la Verdad.

Hay *tres* cosas que pueden distinguirse en esta cosa misteriosa llamada el pectoral del juicio: juicio, doctrina y verdad. El *juicio* es menos seguro que la doctrina o la enseñanza, ya que depende de la persona que juzga (aplica a una situación en particular lo que ha aprendido). La *doctrina* es más fiable que el juicio; es el uso del conocimiento y de la experiencia por medio de los cuales juzgamos. Pero la *verdad* está por encima de todos. Es necesario dejar atrás *juicio* y *doctrina* para entrar en la verdad —la realidad de Dios— que es la fuente de la que manan ambos.

¿Por qué se grabaron estas palabras sobre el pectoral? Para mostrar que nuestra razón es ejercitada mediante el uso de nuestro juicio; que el juicio se somete a la doctrina y es instruido por ella; pero, sobre todo, que la doctrina recibe toda su luz de la verdad. El juicio está en nosotros; la doctrina se comunica a otros para cautivar su obediencia y sumisión; pero la verdad *mora en Dios*. Debemos estar en Dios para estar en la verdad. Por esta razón, al Espíritu Santo se le llama Espíritu de Verdad.

Dios instruyó a Moisés para que hiciera una lámina de oro puro y que grabara en ella las palabras «Santidad a Jehová». Era necesario que el nombre de Dios se grabara en la frente, pues este nombre es el todo de Dios.

TODA LA SANTIDAD PERTENECE AL QUE ES.

La frente representa aquí la parte suprema del alma donde el creyente lleva este nombre alto y santo de Dios. Si no se obtiene un estado supremo, en su estado natural el creyente no puede conocer el todo de Dios ni la nada del hombre. Muchos piensan que tienen este conocimiento, pero sólo lo tienen de una forma superficial. Únicamente la aniquilación puede traer una convicción experimental de ello.

¿Por qué añade la Escritura «para que obtengan gracia delante de Jehová»? Porque Dios no puede oponerse a un hombre que reposa en la verdad del todo de Dios y en la certeza de su propia nada. Aquel que entrega a Dios la justicia que le pertenece a Él se abre al cuidado y bendiciones de Dios. Y esta es la verdad que lleva en la frente y de forma física en el pectoral.

La razón humana sólo puede conocer la verdad de Dios de manera superficial y metafórica.

Dios ha grabado Su verdad en el lugar más santo del alma. La puso ahí en el momento de la creación. Ante la trágica caída del hombre, el pecado la eliminó. Pero Jesucristo ha restablecido —e incrementado— Su verdad en almas vacías de interés propio.

29

El Señor le enseñó a Moisés los sacrificios que se debían ofrecer y cómo debían ofrecerse. También habla de la unción y preparación de Aarón y de sus hijos como sacerdotes.

Tanto la sangre como el aceite se usaron aquí para consagrar las vestiduras sacerdotales. Para ser consagrado a Dios, el sacerdote tenía que ser ungido. El aceite de la consagración anuncia la unción del Espíritu Santo. La sangre rociada sobre aquellos que son escogidos como sacerdotes nos enseña que no pueden tener otra autoridad aparte de la dada por Jesucristo. La sangre también simboliza que, de ahí en adelante, cualquier cosa que se hiciera habría de llevarse a cabo en Su sangre. La santidad y sacerdocio sólo pueden consagrarse mediante el derramamiento de esta sangre.

Hay algo de especial en el *holocausto*. Cualquier otro sacrificio tiene alguna mezcla con cosas relacionadas con uno mismo; se ofrece para obtener perdón por los pecados, ser librado de angustia, aplacar la ira de Dios o suplicar alguna gracia a Su bondad. Todos estos sacrificios y sus *ofrendantes* se reservan algo para sí mismos. Solamente en el *holocausto* es donde *todo* se consume. Este perfecto sacrificio representa la aniquilación y es el único que le pertenece completamente a Dios. Crea un aroma como bálsamo, una dulce sazón para Dios.

Cuando el Señor terminó de hablar con Moisés en el monte Sinaí, le dio una copia escrita en dos tablas de piedra de todo lo que había dicho, escritas por el propio dedo de Dios.

Dios graba Su ley en piedra con Su dedo; lo hace cuando el creyente ha llegado al estado de profundo descanso en Dios. En este punto el creyente no tiene otra ley aparte de la escrita en su corazón. La ley de Dios se ha convertido en algo familiar para él. El alma, al igual que la piedra, recibe la ley escrita con el dedo de Dios.

Ahora depende de Dios hacer cumplir Su ley en este santo, a Su buen placer. Este es un santo sumergido en el puro amor. Siendo el amor la perfección de la ley (Mateo 22:40), en esta etapa el santo vive en la perfección de la ley y en su verdadero cumplimiento. Ya perfectamente sometido a Dios, el creyente no tiene que meditar en la ley. Sencillamente es fiel en cada punto. Está unido a la voluntad de Dios, se ha transformado *en esa misma voluntad* superando toda ley gracias al infinito e inabarcable amor de Dios.

Cuando Moisés se demoró en la montaña, los israelitas pidieron a Aarón que les hiciera ídolos que los guiaran.

Los israelitas representan al hombre que está abandonado a Dios y ya muy avanzado en Sus caminos. Sin embargo, vemos que este hombre aún puede pecar en un área fundamental: la idolatría. Quizás hombres doctos me puedan criticar al hacer tal afirmación; por tanto, lo explicaré en mayor profundidad.

La idolatría puede perpetrarse de *varias* formas. Sólo existe un ser que merece adoración, y éste es el Dios único y verdadero. Por ello, los hombres cometen idolatría cuando alaban a alguna persona o cosa creada que sustituye a Dios, o cuando creen en más de un solo dios (¡que es lo mismo que no creer en ningún dios en absoluto!).

Hay otra forma de idolatría más sutil y escurridiza: alabamos a Dios, pero al mismo tiempo ofrecemos *parte* de la alabanza, honor y confianza que Dios merece a alguna cosa o cosas creadas. Cuando agraviamos al único y verdadero Dios, estamos adorando a los ídolos exactamente igual que hicieron los israelitas.

Por ejemplo, Pablo dice que hay algunos que hacen de su barriga un dios; eso es idolatría. Hay otros ejemplos donde reina el interés propio y amamos algo de esta creación más de lo que amamos a Dios. Puede que incluso no nos demos cuenta de ello, pero en realidad estamos alabando las posesiones, el éxito o el placer, y de este modo robamos a Dios parte de la adoración que merece.

Aquí vemos a los israelitas incurriendo en este tipo de idolatría. Aman a Dios, pero su amor está mezclado con sus propios intereses. Han hecho grandes progresos en la senda del espíritu, entregándose por completo al Señor. Pero ahora han vuelto a sumirse en sí mismos y se exponen a sufrir un fuerte tropiezo.

Hasta ahora, Dios no ha juzgado con demasiada severidad las muchas debilidades de este pueblo. Todas sus quejas y murmuraciones fueron pasadas por alto en misericordia. Dios no ha dejado de bendecirles.

Pero ahora el pueblo comete *idolatría*; ha *abandonado* su camino interno con el Señor. Esta vez no podrán regresar sin un milagro de misericordia. Esta idolatría se produce cuando sacamos nuestra voluntad de su unión con Dios; cuando tomamos la decisión de depender una vez más de nuestra propia fuerza. Nos cansamos de depender de Dios; olvidamos nuestra desnudez y pérdida en Dios. Haciendo uso de nuestra propia fuerza y actividad, pretendemos encontrar lo que *sólo* puede ser hallado en Dios.

Vemos en el vergonzoso relato del becerro de oro una imagen del creyente infiel que se aparta de Dios y que pasa a depender de sus propios esfuerzos para obtener la gracia que había recibido de Dios. ¡Ahora afirman que han escapado de la cautividad por sus propios medios! ¡Así que al pecado de idolatría se suma el de blasfemia!

Alabamos a Dios con nuestra mente y corazón. Alabamos a Dios con nuestra mente al reconocer que sólo Dios es supremo. En el primer paso que desemboca en la idolatría, el creyente aparta su *mente* de la adoración debida sólo a Dios y reconoce *otro* poder soberano fuera de Dios. La adoración del *corazón* es el amor que profesamos a Dios. Así, el hombre que ama alguna cosa aparte de Dios comete idolatría en el corazón.

Tu estado debería ser uno de constante y *secreta* adoración de tu Dios, reconociendo Su supremo poder, Su soberanía sobre todo lo que acontece en tu vida, dejándote llevar por Él sin preocuparte de las consecuencias. Confiamos en que Dios cuidará de todo, siendo conscientes de que estamos sujetos a caer si dependemos de nuestra propia fuerza. Apartarse de este estado equivale a cometer idolatría en el *espíritu*.

Como he dicho, los israelitas en la base del monte Sinaí representan un estado avanzado en el camino del creyente. El creyente que ha llegado a este punto no puede pecar salvo en este asunto de la idolatría.

Ya ves, en tanto el espíritu no se substraiga de este descanso ni la voluntad se separe de su unión con la perfecta voluntad de Dios, el creyente no puede pecar a pesar de su propia debilidad. Ambos estados —(1) *reposo en la voluntad de Dios* y (2) *pecado*— son incompatibles. Si peco, inmediatamente dejo de estar unida a la voluntad de Dios. Si estoy unida a la voluntad de Dios, no me encuentro en un estado activo de pecado.

Juan expresó esta verdad cuando escribió (1ª Juan 5:18): «Sabemos que todo aquel que ha nacido de Dios, no practica el pecado, pues aquel que fue engendrado por Dios le guarda y el maligno no le toca». Ser nacido de Dios consiste en permanecer unido a Él en mente y corazón mediante un perfecto abandono. Si el hombre vive en este Centro de Defensa, ni el pecado ni el malvado pueden tocarle. No obstante, en cuanto sale de este estado para buscar su propio interés, es traspasado por las saetas del pecado y del malvado.

Todas las personas experimentadas me entenderán.

Date cuenta de que, cuando Dios hace bajar a Moisés para tratar con los pecaminosos israelitas, llama al pueblo *el pueblo de Moisés* y no *Mi pueblo* como antes. Es por razón de su pecado. En el momento en que este pueblo empezó a cometer idolatría, se hicieron como animales; cambiaron totalmente y, al perder la razón, provocaron la ira de Dios.

Siendo inocente, Moisés se interpone entre Dios y el pueblo a modo de barrera para evitar que sople sobre ellos el torrente de Su cólera. Aquí vemos algo sorprendente. El hombre vacío de sí mismo tiene un poder en sincronía con lo divino, incluso un poder que puede influir sobre Dios. Y Dios actúa en su provecho en asuntos de vital importancia.

Dios casi parece suplicarle a Moisés «anda, desciende; déjame solo». El hombre que es amigo de Dios evita que Su ira se encienda como si Dios no fuera omnipotente; porque el hombre que ha entregado su propia vida y sólo posee a Dios tiene cierto poder sobre Él. Entonces, el Señor de verdad era... el Dios de Moisés. Moisés alterca con Él, «oh Jehová, ¿por qué se encenderá tu furor contra tu pueblo?». Le recuerda a Dios que ellos *son* su pueblo y no son de Moisés; y le recuerda las grandes bendiciones que ha derramado sobre ellos. Ora para que todo lo que Dios ha hecho por ellos hasta ahora no haya de ser en vano.

Moisés ruega al Señor que no destruya a los israelitas porque entonces los egipcios podrían decir: «Para mal los sacó, para matarlos en los montes y raerlos de sobre la faz de la tierra».

Al igual que Moisés, cuando ven que los santos más jóvenes tropiezan, los hombres maduros de Dios oran a Dios con fervor para que no rechace a Su pueblo a causa de sus pecados.

Una de sus preocupaciones es que este caminar interno con el Señor sea desprestigiado por sus detractores si aquellos que comienzan a caminar acaban sucumbiendo. Estos críticos dirán: «No está bien encomendarse por completo a manos de Dios; puede llevarse a un extremo poco sano. Es mucho mejor confiar en los esfuerzos de cada uno».

¡A lo mejor las personas que afirman esto harían bien en mirar a su alrededor y ver el estado del pueblo que confía en sus propios esfuerzos!

Moisés también le recuerda a Dios la fidelidad de Sus promesas. Dios había jurado que, si alguno seguía la senda de la fe pura, llegaría a la Tierra Prometida, la cuál consiste en la unión con Dios y en poseerle de una forma real y cierta. ¡Cuán bueno es Dios cuando retiene Su justa venganza ante una simple palabra de uno de Sus siervos que no busca su interés y que sólo se preocupa de la gloria de Dios! Moisés no se queja de las molestias que este pueblo le ocasiona. No menciona la pena que *él mismo* tendría que soportar si los viera perecer. A Moisés no le preocupa lo que digan de él ni cuánto puedan acusarle. Su único temor es que Dios pueda ser culpado y puesto en tela de juicio. ¡Oh, cuán admirable es un hombre que no defiende lo suyo!

La expresión «desenfrenado» en el versículo 25 bien describe el estado de este pueblo caído. Ya habían renunciado a su propias fuerzas cuando consintieron en ser conducidos hacia Dios para vestirse con la fuerza de Dios. Así que ahora, cuando pecan, quedan doblemente desnudos. Pierden la fuerza de Dios por razón de su pecado y ahora no disponen de su propia fuerza para frenar la caída.

Para estas personas es difícil regresar de nuevo al camino interior. Según el autor de Hebreos (Hebreos 6:4-6), «es imposible que los que una vez fueron iluminados y gustaron del don celestial, y fueron hechos partícipes del Espíritu Santo, y recayeron, sean otra vez renovados para arrepentimiento». Aún pueden ser salvos, pero les resulta muy difícil volver al estado del que han caído. Su arrepentimiento es muy distinto del que necesitan otros pecadores que no están avanzados en los caminos del Espíritu.

Faltos de la fuerza de Dios *y* de la suya, ahora quedan totalmente desnudos ante sus enemigos. Estos enemigos no podían herir al creyente interior mientras éste permanecía en Dios como en una fortaleza. Pero ahora que ven al creyente sin defensas, estos mismos enemigos se deleitan en tomar venganza. Desde la puerta del campamento dijo Moisés: «¿Quién está por Jehová? Júntese conmigo». Y fueron los levitas quienes respondieron a su llamada. Moisés quiere saber quiénes son aquellos que, en medio de un pecado colectivo, no se han dejado corromper por la idolatría generalizada. Les hace un llamado para que se unan a él; obedece la tribu entera de Levi, la que más tarde constituiría el sacerdocio. Estos sacerdotes del Altísimo, que representan los creyentes del puro sacrificio, *se mantienen* en su sacrificio y no lo abandonan aunque todos a su alrededor tropiecen. Esta singular fidelidad de los levitas les otorga el derecho a unirse a Moisés en el oficio del sacerdocio.

¡Pero mira el precio que supone la fidelidad de los levitas! Se les ordena matar a cualquiera que pudiera conducirles a cometer idolatría en el futuro: hermanos, amigos y seres queridos. A través de este acto, los fieles levitas muestran a los supervivientes en qué consiste el verdadero arrepentimiento.

Este conocimiento hace que los presentes desesperen, vuelvan a desconfiar por completo de sí mismos y se pierdan en Dios. Por muy manifiesto y desmesurado que sea el tropiezo, deben entregarse a Dios para servirle eternamente sin mirar atrás. Ahora ven claramente su impotencia.

En este punto, haciendo morir todas sus fuerzas, los creyentes arrepentidos se deshacen sin misericordia del amor e interés propios que causaron su idolatría. En esencia, se convierten en el instrumento de la destrucción de sus amores e intereses. Mediante un nuevo y puro sacrificio, depositan en las manos de Dios el perdón de su falta encomendándosela a Su Voluntad: a aquello que más le glorifique. No pretenden —ni siquiera desean— ser afirmados en Su misericordia.

En el versículo 28 y 29 vemos a los levitas cumpliendo la palabra de Moisés. Aquel día sucumbieron ante sus espadas tres mil hombres.

Los creyentes que forman parte activa en una derrota deben entregarse en cuerpo y alma a la misericordia de Dios. La confianza que tengan en Su misericordia les permite arrepentirse y obtener el perdón de sus pecados. Pero aquellos que hayan llegado hasta este punto deben actuar sin interés propio para levantarse de nuevo en arrepentimiento y reponerse de su caída saliendo mejor parados que antaño: fortalecidos en el amor. Deben ofrecerse a la justicia

Divina y estar dispuestos a aceptar el castigo que se merecen. Observa cómo se lanzan de cabeza a la misericordia del gran amor de Dios sin pedir perdón por sus pecados: solamente piden Su excelsa gloria y voluntad. Y Su amor cubre en un instante multitud de terribles pecados. De este modo, sacrifican sin misericordia todo interés propio (simbolizado aquí en el hijo, el hermano y el amigo).

Este tipo de arrepentimiento, el arrepentimiento del creyente interior, tiene el poder de hacer volver al alma al estado del que ha caído. Cualquier otro tipo de arrepentimiento ciertamente podría asegurar su salvación, pero *nunca* le devolvería al estado del que ha caído. Al contrario, otras formas de arrepentimiento incluso podrían alejarle más de ese estado y que el creyente entrara en mayor medida en la defensa de lo suyo.

Este tipo de arrepentimiento en este tipo de creyentes es cosa difícil. Es extremadamente doloroso para el amor propio que todavía sobrevive en ellos. Estos creyentes preferirían ser desollados vivos (beber la condena de su falta y dejarse devorar por las abrasadoras llamas de la confusión) que descansar. Sin embargo, cuanto más destruya este arrepentimiento al hombre, tanto más glorioso es para Dios. Es un arrepentimiento tan puro que, en el momento que el creyente regresa a él, es devuelto al estado del que se abatió. Además, su restauración viene de la mano de ventajas que antes no tenía.

Este arrepentimiento es mencionado en Ec.10:4: «Si el espíritu del príncipe se exaltare contra ti, no dejes tu lugar; porque la mansedumbre hará cesar grandes ofensas».

El lugar que le corresponde a cada creyente es ese lugar que Dios había asignado a los israelitas antes de su caída y, por muy miserable que sea nuestra caída, no debemos abandonar este lugar. Un devoto de Cristo debe regresar con sencillez a este lugar y seguir su camino confiando en que, si se mantiene en paz en esta abyecta condición —rendido al plan que Dios disponga para él—, Dios aplicará sobre él sublimes medicinas. El creyente será sanado de sus pecados a través de estos remedios divinos, e incluso las bendiciones aumentarán.

Como lo que estoy diciendo aquí es de suma importancia, a vosotros, guías espirituales, os es necesario entender este consejo para que, *en lugar de sorprenderos* de las caídas de creyentes *avanzados,* podáis sostenerlos en su desolación: procurad que obtengan un coraje nuevo, haced que tengan la esperanza de un feliz regreso al seno de Dios. Dadles aliento para que sean fieles... no para que regresen deliberadamente a sus antiguas prácticas, sino para que incluso amen su estado actual de confusión y puedan exaltar todavía más la gloria de Dios. De esta manera, el creyente se arrepiente con paz y pasividad en el mismo lugar del camino interior donde tropezó.

Así fue el arrepentimiento de David. Como vemos, su arrepentimiento fue aceptado de buen grado por el Señor; después de su caída y arrepentimiento, el Espíritu Santo siguió hablando por boca de David y le dictó salmos igual que antes de su pecado.

Date cuenta también del arrepentimiento de Pedro. Pedro negó a su Señor, pero no por eso rechazó la comisión que había recibido de Jesucristo (Jesucristo le había escogido para ser el primero entre los apóstoles). En vez de ello, unos cuantos días después podemos ver a Pedro ejercitando su don con coraje divino.

Ninguno de estos grandes hombres abandonó la posición que Dios les había dado en Su iglesia a pesar de su pecado. Esto nos enseña que, sin importar nuestra ofensa, no es necesario abandonar el nivel de vida interior que hemos alcanzado, pues el Doctor Divino tiene remedios para todos nuestros males y estados. Lejos de querer que nos volvamos atrás, tu Señor anhela doblar el ritmo de tu marcha y que le entregues tu mano con perfecta confianza y total abandono. Haciendo esto llegarás aún más lejos.

Aunque el pecado es el mayor de todos los males, Dios es capaz de usar aun el pecado para perfeccionarnos.

Por la confusión que el pecado nos produce, y por la experiencia que nos otorga ver nuestra debilidad, el pecado nos libra aplastando nuestra existencia centrada en nosotros mismos y en el amor propio, apartando estos dos grandes obstáculos que evitan nuestra aniquilación y nuestro fluir hacia Dios. Dios ha permitido que se produzcan estos tropiezos en muchos de Sus santos para que luego pudiese guiarlos solamente hacia Sí Mismo aun con mayor presteza y firmeza.

Por lo general, el arrepentimiento de personas espirituales que han caído es muy doloroso porque su caída les quita la *seguridad* en vez de ofrecer garantías de aquella. En consecuencia, hay pocos lo suficientemente fieles como para mantenerse en un estado de incertidumbre tan grande. Como resultado, hay pocos que sean restaurados a su estado original después de producirse estas caídas. Pero si tú mismo te hallas en esta peligrosa situación, sé firme y constante en llevar el peso de este yugo. No quieras ser aliviado *por tu propio esfuerzo*. ¡Encuentra el Suyo! ¡Menuda ventaja ganarás entonces! ¡Y menuda gloria para Dios!

En el versículo 30 escuchamos a Moisés decirle al pueblo: «Vosotros habéis cometido un gran pecado, pero yo subiré ahora a Jehová; quizá le aplacaré acerca de vuestro pecado».

El carácter de un verdadero pastor es un amor desinteresado. Moisés —y cualquier buen pastor— empieza recriminando al pueblo por su pecado y haciéndoles saber ese pecado. Después habla con Dios para que los perdone, ofreciéndose a llevar la pena que merecen por el crimen tan grande que han cometido.

¡Oh, cuán admirables son sus palabras! «Señor —dijo— te ruego que perdones ahora su pecado, y si no, ráeme ahora de tu libro que has escrito». El libro al que refiere es el *Libro de la Vida*, en el cual Moisés sabía que su nombre estaba escrito. *Este* tipo de oración fuerza a Dios a perdonar; un amor tan puro y desinteresado es capaz de alcanzarlo todo. Pablo, el gran guía de las almas, hizo el mismo tipo de oración cuando anhelaba ser anatema por la salvación de sus hermanos. Tanto Moisés como Pablo sabían por experiencia cuánto podía conseguir el sacrificio de un amor perfecto.

33

Jehová dijo a Moisés: «Anda, sube de aquí, tú y el pueblo que sacaste de la tierra de Egipto, a la tierra de la cual juré a Abraham, Isaac y Jacob, diciendo: "A tu descendencia la daré"».

Señor, a pesar del pecado estás dispuesto a recompensar a este pueblo ingrato e infiel. Lo haces a causa de la fidelidad de tu palabra, y lo haces por la fe, el sacrificio y el abandono que han practicado. Pero permíteme que te diga que estas mismas recompensas son terribles castigos, pues todo lo que sea agradable a los sentidos daña al espíritu.

Dios continuó diciendo: «Y yo enviaré delante de ti el ángel... (a la tierra que fluye leche y miel); pero yo no subiré en medio de ti, porque eres pueblo duro de cerviz, no sea que te consuma en el camino».

Vemos que el Señor está deseando dar a Su pueblo bendiciones, consuelos y milagros, como, por ejemplo, ángeles visibles que los acompañen en su camino de luz. Un hombre ignorante puede estimar en gran medida estas maravillas, pero no ve el horrible castigo que encierran. El castigo es ejemplar. Dios les dispensa todos Sus bienes y de ese modo les priva de Sí Mismo. ¡*Qué terrible* amenaza! Qué terrible condición. Sin embargo, ¡es un estado que conocen *demasiadas personas!*

Llévate todo lo demás, Señor, y danos a Ti Mismo. Con eso basta.

Por ende, este es el castigo con el que Dios atormenta a un pueblo ingrato, carnal e interesado.

Date cuenta que estas palabras «porque yo no subiré en medio de ti» expresan la forma en que Dios entrega Sus dones en lugar de Sí Mismo. Muy a menudo, las personas ven esta «bendición» como una recompensa cuando en realidad es un castigo.

El Señor sigue diciendo que por culpa de su testarudez Él no irá con ellos; si siguiera a su lado, se vería obligado a consumirles y aniquilarles... porque si va con ellos está resuelto a guiarles por el camino puro y desnudo. Este es el camino por el que podemos seguir avanzando hacia Dios, y Él había visto que eran *incapaces* de soportar esta prueba. La destrucción era el resultado inevitable.

Cuando el pueblo de Israel escuchó esto, se lamentó y nadie se puso sus atavíos.

El crimen no les había arrancado del todo el recuerdo de la verdad y actuaron con gran sabiduría. Se vistieron de luto a causa de la decisión del Señor. No dieron ningún valor a los dones del

Señor y se despojaron de sus adornos para mostrar a Dios que deseaban ser despojados de todos sus bienes y tener la felicidad de poseerle en medio suyo. Es una forma correcta de actuar para ganar a Dios.

Dios quería probar a este pueblo para ver si realmente lo ansiaban a Él o únicamente ansiaban Sus dones. Les amenazó consigo Mismo de una manera terrible: «Si subiera en medio de vosotros siquiera un instante —dijo— os consumiría. Ahora pues, quitaos vuestros adornos (todo lo que quede de Mis favores), para que sepa qué hacer con vosotros».

Ante una oportunidad semejante, muchos de nosotros diríamos: «¡Que el *ángel* de Dios nos guíe y conservemos Sus dones! No pasa nada si Dios no viene con nosotros».

En términos generales, esta es la condición actual de la iglesia.

Pero, en esta ocasión, este pueblo bien instruido hace todo lo contrario. Por su silencio demuestran que, aunque paguen un precio, prefieren a Dios antes que cualquier otra cosa; de inmediato se despojan de todos sus atavíos.

¿Pero por qué las Escrituras primero nos dicen que no se habían puesto sus atavíos ceremoniales y ahora nos dicen que se despojan de sus atavíos? Yo lo entiendo de esta manera. No se vistieron con las mercedes que Dios les dio en lugar de Sí Mismo; al contrario, las desprecian. Y, para mostrarle en mayor medida que es a Él a quien desean y no Sus dones, se despojan aun de los dones que les quedaba y que habían recibido anteriormente. Con tal de que Dios les guíe, prefieren la aniquilación a todo lo demás.

En cuanto se desnudaron con generosidad, Moisés levantó ante ellos el tabernáculo del pacto, como para asegurarles de que Dios Mismo los acompañaría. Tan pronto como Moisés hubo entrado en el tabernáculo, el Señor se le apareció allí y hablaba desde la nube igual que antaño.

Estos pobres criminales encontraron su refugio en el tabernáculo; allí pedían a Dios todo lo que necesitaban. Por la columna de humo sabían que Dios estaba con ellos e inmediatamente adoraban desde sus tiendas: es decir, desde el lugar donde reposaban. Aquel que está rendido en lo profundo sabe cómo adorar en todo lo que hace sin abandonar su reposo. Esta forma de adoración es más perfecta que ninguna otra.

El pueblo adoraba desde lejos, puestos en pie; pues la perfecta adoración, hecha en espíritu y en verdad por medio de la fe y el amor, salva toda distancia y no depende de ninguna condición o posición del cuerpo en concreto. La adoración y los adoradores se elevan hacia Dios. Aunque esta adoración del pueblo arrepentido estaba muy adelantada, no se acercaba a la de Moisés.

Este amigo de Dios, escogido y excepcional, habla con Dios cara a cara en la más íntima de todas las uniones, es transportado más allá de las facultades humanas. Por el bien de esta amistad, Dios elevó la capacidad de este hombre y se rebajó a Sí Mismo. Ahora Dios y un hombre hablan cara a cara. Dios trata a Su amigo de un modo tan familiar que podría compararse a la forma en que nos comportamos con nuestros amigos más íntimos. Dios no esconde nada de él.

Cuando Moisés volvió al campamento, Josué no se apartaba del tabernáculo. Es costumbre en los santos que son jóvenes, aquellos que acaban de entrar en el camino interior, mantenerse de continuo en la oración; están tan extasiados en la presencia de Dios que no pueden zafarse de ella. Un amor dulce y penetrante se aferra a estos creyentes ardientes, les mantiene absortos en sí mismos. La presencia fuerte y viva de Dios que les llena se concentra con tanta dulzura dentro de sí mismos (como en un tabernáculo) que no quieren irse.

Siguiendo el ejemplo de Moisés, el sabio director los deja en sus oraciones porque aún no ha llegado el tiempo de sacarles de ahí.

Luego Moisés oró para ver el rostro del Señor, conocerlo y hallar gracia ante Sus ojos; y oró para que el Señor pudiera mirar a Su pueblo favorablemente.

Esta oración de Moisés quizá parezca atrevida, insultante para Dios... ¡y, por demás, completamente inútil! Es cierto, la oración de Moisés podría considerarse atrevida; pues, ¿qué hombre mortal podría aspirar a tener una visión clara de Dios? Esta oración podría considerarse insultante para Dios, pues el que ora asume que Dios revela Su semblante (aunque algunos digan que Dios no hace esto *en esta vida*). Y, por último, esta oración podría tacharse de inútil, ya que las Escrituras dicen que Dios ya había hablado cara a cara con Moisés. Pero la oración de Moisés no es ninguna de estas.

La petición de Moisés en esta ocasión era justa, pues no rogaba para sí, sino para una gran nación de personas interiores. Moisés quiere saber de verdad (y su pueblo también) si Dios Mismo, y no el ángel, habrá de guiarlos. Buscan la confirmación de que sólo Dios será su guía en el viaje hacia Él Mismo a través de la senda amenazadora que aún les queda por delante (esta senda se vuelve más peligrosa según se va aproximando el final).

Moisés deseaba ver si Dios guiaría a este pueblo. Quería saber si Israel había sido restablecido en la gracia y deseaba evaluar los peligros que entrañaba este camino que iban a tomar. Moisés también debe contemplar el rostro de Dios —tener una visión y entendimiento claros de las palabras que ha oído— para enseñar estas palabras sin error.

Es curioso que un creyente pueda disfrutar y entender algo por sí mismo y, no obstante, necesitar luz y facilidad de expresión para hacer que otros lo entiendan. Pablo estableció una distinción entre dos dones diferentes: el don de hablar en distintas lenguas y el don de interpretar esas lenguas. Y, en los dones del Espíritu Santo, existe una gran diferencia entre la *sabiduría*, el *entendimiento* y el *consejo*.

La *sabiduría* es el discernimiento de las verdades divinas al degustarlas *por medio de la experiencia*. El *entendimiento* permite que puedan ser debidamente asimiladas. Pero el *consejo* es la habilidad de expresar *a otros* claramente las verdades divinas. Por esta misma razón, Pablo decía que le había sido revelado el semblante de Dios; «por tanto, todos nosotros —decía—, mirando a cara descubierta como en un espejo la gloria del Señor, somos transformados de gloria en gloria en la misma imagen».

Una vez más vemos que Moisés no estaba pensando en sí mismo al orar cuando añade «mira que esta gente es pueblo Tuyo; pues es por su causa que hago esta petición».

Dios sigue confirmando a Moisés que tiene la especial protección de Dios. Promete a Moisés un lugar de descanso. En otras palabras, el propio Moisés siempre encontrará a Dios, siempre tendrá descanso en Él; no tiene que angustiarse por otras cuestiones.

Pero el gran corazón de Moisés, olvidando sus intereses y pensando sólo en su rebaño, se niega a tener esta ventaja. Sigue rogándole a su Dios. Moisés protesta y dice que no puede permitirles que salgan de este lugar si no ve que Dios marcha delante de su pueblo.

Moisés le pidió al Señor: «¿Y en qué se conocerá aquí que he hallado gracia en tus ojos, yo y tu pueblo, sino en que tú andes con nosotros, y que yo y tu pueblo seamos apartados de todos los pueblos que están sobre la faz de la tierra?».

> ¿Qué esperanza de perdón tendremos? ¿Cómo tendremos victoria sobre nuestros enemigos? ¿Cómo podemos andar confiadamente si Tú Mismo no vienes con nosotros?

¡Esta clase de discípulo del Señor prefiere perderlo todo antes que perder a su Dios! ¡Cuán a salvo estamos cuando andamos bajo el liderazgo de Dios! Pero si andamos por cualquier otro camino, quedamos expuestos a multitud de peligros.

Dios le concede a Moisés lo que pide, pues le conoce por su nombre: un pastor fiel y legítimo lleno de amor desinteresado. A causa del amor puro y apasionado de Moisés, Dios no puede negarle nada. Esto es lo que Dios llama «hallar gracia ante Sus ojos». Sin embargo, en esta ocasión sólo le concede a Moisés victoria sobre sus enemigos. Esto no quiere decir que *no* concederá el resto; pero a Él le agrada hacer que espere y que suspire por un premio tan prodigioso, un premio por el que merece la pena sufrir y buscarlo con un deseo ardiente.

Este tipo de hombre no se contenta con una recompensa limitada o terrenal. Moisés suplica de nuevo el mismo favor, aunque se expresa de forma diferente. Dice «te ruego que me muestres tu gloria», como queriendo decir, «no me contentaré hasta que vea tu gloria y lo que eres en ti Mismo». Dios promete a Moisés que le mostrará toda Su bondad. En realidad, Él Mismo es el bien más alto y el centro de todo lo bueno.

Sin embargo, la respuesta de Dios parece una afrenta a Moisés por formular rogativas tan pasionales. Le dice: «Tendré misericordia del que tendré misericordia y seré clemente para con el que seré clemente». Pero, Moisés, no dejes que esta aparente rudeza te haga desistir. Lo cierto es que esta bondad será mayor que todos los cuidados precedentes. Es señal inequívoca de que, en Su gran amor hacia ti, el Señor te concederá todo cuanto desees.

Cuando Dios promete sus bendiciones a Sus siervos, otorga estas bendiciones junto a muchas muestras de afecto; *pero* concede el mayor de los bienes cuando aparentemente rechaza. Cuando Dios rechaza exteriormente, es para poder introducirse interiormente. Por ejemplo, cuando Jesucristo rechaza a la mujer cananea, lo hace solamente para escucharla con mayor compasión.

El hombre natural debe ser demolido en sí mismo antes de ser recibido en Dios. Debe saber que sólo la bondad pura de Dios puede alcanzar esta gracia inefable. En términos de Pablo (al explicar este mismo versículo): «Así que no depende del que quiere ni del que corre, sino de Dios que tiene misericordia».

Dios le dice a Moisés que no puede contemplar su rostro porque ningún hombre puede verle y vivir.

Dios rechaza la petición de Moisés. Al hacerlo, le instruye en la actitud necesaria para disfrutar a Dios totalmente. Nadie que no esté de verdad muerto a toda vida de sí mismo puede ver a Dios. En realidad, se extiende a todo lo que no sea Dios. Por eso no dice «nadie me verá si no muere», sino «nadie me verá, y vivirá». Quiere que entendamos que no basta una muerte ni muchas para llegar a este gozo supremo. No debe quedar ni la más mínima partícula de vida propia.

Hay varias muertes espirituales, todas necesarias para la purificación del alma: la muerte de los sentidos, de las facultades y del centro. Cada una de estas muertes sólo se produce por la pérdida de *muchas* vidas, ya que hay *muchos* apegos y apoyos naturales que sostienen la vida egocéntrica del hombre. Para ver a Dios, para estar unido a Él mediante la más íntima de las uniones, el creyente debe estar completamente privado de *todas* estas vidas. Si la llama santa del amor no aniquila nuestros apegos y apoyos naturales en esta esfera terrenal, el fuego purificador debe devorarlos en la esfera espiritual.

Entonces el Señor le ofrece un lugar a Moisés en una roca desde donde pueda ver a Dios de espaldas después de que haya pasado.

Este lugar para disfrutar a Dios se encuentra cerca de Él; es decir, este santo lugar está en Él Mismo... y *es* Él Mismo. Con vistas a poseer este inestimable tesoro, debemos estar establecidos sobre la roca de la inamovible naturaleza de Dios. «Cuando pase mi gloria —dice el Señor— te cubriré con Mi mano protectora para que así puedas soportar un favor tan grande como este y que de otra forma te consumiría. Aunque sólo me verás como a través de una pequeña abertura, o una hendidura de la peña... (lo cual representa el punto más sutil del espíritu)».

«Cuando haya pasado este majestuoso estado de Mi gloria que sólo puede ser contemplado en esta vida como un destello de luz, retiraré Mi mano que te protegía de contemplar Mi gloria (a no ser que tu alma se separase de tu cuerpo; porque tu armazón natural es demasiado débil para sobrellevar el peso de dicha gloria). ¡Entonces me verás! Entonces, de alguna manera, comprenderás, y te dejaré vislumbrar fugazmente Mi Divinidad, que YO SOY EL QUE SOY y que en Mi está... *todo*».

A Moisés se le dio permiso para ver la espalda de Dios. Moisés sólo puede ver lo que un hombre puede comprender... aunque sea un hombre erguido a su estado más sublime. Aunque se alcance un estado elevado, sólo puedes percibir la superficie del océano que es Dios.

34

*D*ios ahora le dice a Moisés que corte dos tablas de piedra como las que fueron quebradas para que pueda escribir de nuevo en ellas.

Dios mira a Moisés con una dulzura y atención singulares al permitir que lo vea, pero a condición de que Su ley se escriba en tablas de piedra que *no sean quebradas de nuevo*. Dios aquí muestra que desea grabar Su ley en los corazones para que, escritas de este modo indeleble, la infidelidad quede desterrada.

Moisés expresa el gozo de cualquier hombre que recibe un regalo tan grande cuando saborea la felicidad de contemplar a Dios en la montaña. Sus palabras nos indican que, al sentir estas deliciosas caricias, aquellos que son visitados por Dios en su centro del interior permiten que el fuego de su amor (con el cual son encendidos) se eleve en mil alabanzas a su Dios. Aquí hay una imagen de la novia recibiendo su conocimiento más nítido del Señor. Él se revela. Ella le llama Señor, Dios, verdadero, misericordioso, paciente. No puede alabar lo suficiente Sus cualidades divinas; las ama a todas por igual: tanto Su justicia como Su misericordia, tanto Su poder como Su virtud. Como ella lo contempla sin egoísmo, se embelesa cuando ve las perfecciones de Su Dios resplandeciendo en Sí Mismo o cuando las otorga a Sus hijos.

Moisés hace uso de este tiempo de bendición para obtener de Dios lo que anhela. Primero adora a Dios; luego le suplica que guíe a Su pueblo de forma que, como dice Moisés, «puedas perdonarnos y tomarnos por heredad». El más claro indicio del perdón de los pecados es ser poseído por Dios y poseerle a Él dentro de uno mismo, pues Dios no puede morar donde existe pecado. Cuando Dios perdona los pecados, debe volver a tomar posesión del corazón y reestablecerlo en Él como estaba antes de su muerte en el pecado.

Dios promete a Moisés lo que anhela. También garantiza a Moisés que tiene bendiciones guardadas para él incluso mayores de cuanto ha recibido hasta ahora. Cuando Dios desea habitar dentro de nuestros espíritus, debemos ser desnudados de todo cuanto poseamos a través de la obra de Dios en nosotros. Pero cuando Dios, fuente de toda bendición, toma morada en nosotros, trae consigo bendiciones que no se parecen a nada de lo habíamos experimentado hasta entonces. Al igual que los atavíos de Su atrio interior, estos dones no pueden existir aparte de *Él*.

Dios amonesta a Moisés para que no haga pacto de amistad con los habitantes de la tierra a la que están a punto de entrar. De este modo, Dios aconseja a los que lo buscan que se separen totalmente de aquellos que viven en sí mismos y para sí mismos. Esto simboliza el peligro para los creyentes de perder su estado de «pérdida en Dios» siguiendo el ejemplo de estos compañeros indignos y volverse a sí mismos. Esto supondría su ruina.

Dios vuelve a ordenar a los israelitas que no adoren a ningún otro Dios como últimamente han hecho; pues Su nombre es *El Dios Celoso*.

> Oh mi Dios, ¡qué santo celo muestras hacia el corazón y espíritu de tus criaturas! Deseas que sólo te pertenezcan a Ti y que nunca más se dejen seducir por ninguna idolatría.

En el versículo 16 vemos que Dios advierte a los israelitas que no se den en casamiento con los pueblos que encontrarán en la Tierra Prometida, y con razón. Dios usa el matrimonio como símbolo de la idolatría; de hecho, define la idolatría como fornicación. Del mismo modo que el pueblo de Dios debe pertenecer exclusivamente a Dios, como pueblo Suyo debemos ofrecerle exclusivamente a Él nuestro corazón. En el momento en que alejamos nuestros corazones de Él y los entregamos a cualquier otra cosa, incurrimos en adulterio. Santiago está hablando de lo mismo cuando exclama: «¡Oh almas adúlteras! ¿No sabéis que la amistad del mundo es enemistad contra Dios? Cualquiera, pues, que quiera ser amigo del mundo, se constituye enemigo de Dios» (Santiago 4:4).

Cuando Moisés bajó de la montaña, el fulgor de su rostro era una señal visible de su fluir hacia Dios, de la sublime transformación a imagen de Dios. La plenitud de esta experiencia se desbordó hasta cambiar su apariencia física.

Moisés descubrió su rostro ante el Señor y sabiamente volvió a cubrirse el rostro cuando le habló al pueblo. Su conducta aquí es un ejemplo para nosotros, mostrándonos que las personas que alcanzan este nivel no deben compartir los secretos que les son revelados ni hablar de lo que experimentan a menos que tengan experiencias similares. Esta clase de conocimiento sólo asustaría y daría pie al rechazo de creyentes que no están preparados para entender. Son secretos que sólo Dios y aquellos a quienes han sido revelados deberían conocer. Les queda oculto tras un velo y su espíritu no lo capta (da igual lo sensibles que crean ser). Si este velo se levantara, no podrían resistir el esplendor que irradia una persona que se ha sumergido en la gloria de Dios.

35

El Señor ordenó a los israelitas que no encendieran fuego en sus casas el Día del Sabbath. Este mandamiento habla del reposo que deben disfrutar aquellos que han entrado en el día del reposo de Dios. No deben hacer nada por sí mismos, sino limitarse a mantenerse como están, salvaguardados por Dios.

Encender el fuego significa avivar un pequeño afecto para mantener encendido ese sentimiento del amor de Dios. Sólo pueden hacerlo los que no han alcanzado este descanso total en Dios. Necesitan mantenerse activos y sustentarse en algún tipo de señal, pero esto ya no debe hacerse el Día de Reposo (el estado de reposo en Dios). En este punto, hacerlo sería como violar la santidad del Sabbath e interrumpir el descanso de Dios.

Los que estéis llamados a este descanso santo, entrad y quedaos ahí sin temor. Respeta la majestad de Dios, pues Él desea ser adorado en perfección dentro de ti mediante el silencio y el reposo. Recuerda que éste es el *sabbath* que nos queda vigente en la ley de la gracia, como dice Pablo en Hebreos 4:9. Desde el momento que te hayan dado a conocer este *sabbath* como parte del pueblo de Dios escogido de entre muchos, no dejes de celebrarlo. Ni siquiera la muerte te separará de este estado porque el *sabbath* de Dios es eterno.

El Señor ahora pide que el pueblo le haga una ofrenda; y les pide que den con un corazón dispuesto. Estas primeras ofrendas que Dios demanda son las primeras buenas obras. Este es el comienzo de la vida espiritual que, nacida de nuevo para el amor de Dios, podemos consagrar a Él como un acto que proviene de nosotros. Todas nuestras acciones deben estar remitidas a Dios sin retener cosa alguna para nosotros mismos. Por medio de esta ofrenda voluntaria de cuanto está en nuestro poder, Dios santifica y consagra las demás cosas para Sí Mismo porque le hemos hecho una donación libre de nuestra voluntad. Posee toda nuestra persona a tal punto que, de ahora en adelante, se relaciona con nosotros como un Rey con Sus súbditos leales.

Este es el camino más corto y seguro (quizás debería decir el *único* camino) para adquirir la perfección: rendir tu corazón al poder de Dios para que pueda hacer con tu corazón lo que a Él le agrade. Aquella persona lo bastante generosa como para hacer esto se libra de sí misma. Y, al deshacerse de sí misma, ¡se quita de encima el mayor enemigo de su perfección! Una vez depositada felizmente en las manos de Dios, ha perdido todo el poder que ejercía sobre sí misma.

Pero sólo pierde su poder cuando se lo entrega voluntariamente a Dios. No podría hacer mejor uso de su voluntad que devolverla y consagrarla a su Dios (que fue quien primeramente le dio la libertad). Esto no quiere decir que no pueda reclamar su libertad cometiendo infidelidad. Hay muy pocos que hagan de ello un verdadero regalo. La mayoría se reserva algo para sí.

Pero si este perfecto sacrificio se hiciera de golpe, seríamos perfectos en ese instante preciso; ciertamente, no subsiste imperfección alguna donde la voluntad de Dios reina y actúa sin resistencia.

Estas ofrendas naturales son una imagen de los sacrificios espirituales que Dios desea de nosotros; y muy felices son aquellos que ofrecen dichos sacrificios con contentamiento y entendimiento.

El único requisito es ofrecer al Señor estas primicias de nuestra voluntad y el libre derecho que tenemos sobre nosotros mismos para que Él haga en nosotros la obra del tabernáculo. Por mano de Moisés en este desierto (y durante el tiempo de descanso que Su pueblo disfruta allí), Dios instruye a todas las personas espirituales en el camino que han de tomar para tener éxito en la obra de su madurez cristiana; y todo aquel que tenga suficiente entendimiento para discernir estos símbolos contemplará con deleite esta senda.

El tabernáculo es el habitáculo donde Dios reside. A partir del instante en que le hayamos rendido nuestros derechos, Él Mismo es quien construye esta morada dentro de nosotros. Sólo necesitamos apartar el corazón de las cosas creadas mediante un control apacible, pero firme, de nuestros pensamientos y corazones. Nos apartamos de las cosas creadas para sólo vivir junto a Dios en el ámbito de todo nuestro ser. Tan sólo tenemos que alzarnos por encima de nuestra flaqueza y zambullirnos en Dios y hallar ahí todo cuanto necesitamos. *Entonces* Dios empieza a llevar a cabo Su obra en nosotros.

¡No escatima en recursos! Hace uso de todo lo que está a su alcance para construir Su palacio interior. Él hace que *todo* ayude a bien a los que le aman y a los que conforme a Su propósito son llamados (Romanos 8:28). Incluso llega a usar las maldades de todos aquellos que se oponen a nosotros. Estas maldades hacen las veces de martillo para alisar el exterior del edificio de Dios por medio del sufrimiento que nos ocasionan. Mientras tanto, Dios Mismo trabaja por dentro y construye allí Su tabernáculo.

Para que esto suceda, repito, debe ofrecerse todo *libremente* y con un *corazón abierto*. Las Escrituras dicen que todos los israelitas ofrendaron voluntariamente. Esto muestra que Dios nunca viola nuestra libertad. Cuando trata con nosotros, Él usa el amor para que le entreguemos libremente lo que esté en nuestra mano ofrecer.

36

Las cosas más deseadas tienen su tiempo determinado y etapas concretas para que se conviertan en realidad. ¿Puede haber algo mejor que ofrecer a Dios aquello que uno posee? ¿Por qué dice la Escritura en el versículo 5 que los israelitas ofrecen aquí *más* de lo necesario? La razón es que, una vez hemos ofrecido libremente a Dios nuestra voluntad, no es necesario volverla a entregar; ¡ya no es nuestra! Nos veríamos obligados a aceptar la devolución del regalo para volverlo a dar.

Sin embargo, quizá digas que siempre podemos ofrecer nuevas virtudes. Es cierto que siempre podemos ofrecer nuevos frutos... siempre y cuando poseamos el árbol. Pero cuando hemos renunciado a la raíz, sería ridículo seguir deseando ofrecer los frutos del árbol. Obviamente, los frutos ahora pertenecen al dueño de la raíz y no podemos ofrecerlos otra vez sin aceptar la devolución de nuestra concesión de propiedad.

Pero es normal ver a jóvenes creyentes ofrecerse al Señor reiteradamente. Hay muchas razones para que el creyente joven haga esto: quizá el talento no se ofreció en toda su perfección desde un principio. Quizá el creyente desee renovar su compromiso tras haberse retractado de ese compromiso por su infidelidad. A veces, la repetida entrega del talento sólo es un rebosar de amor brotando de un corazón lleno que se complace en confirmar todo lo que el creyente ha hecho por su Dios. Por último, Dios Mismo, a quien le apasiona ver este sacrificio de amor muchas veces renovado, quizá haya pedido al creyente que confirme la entrega de su talento.

Moisés mandó pregonar por el campamento que no debía ofrendarse más porque había patrimonio suficiente para cubrir el proyecto que tenían entre manos. De hecho, incluso sobraba.

Como líder sabio y bien instruido en los caminos de Dios, Moisés prohíbe a los hombres (símbolo de Cristo) y mujeres (símbolo de la Iglesia) ofrecer más talentos. La ofrenda de sí mismos que ya han hecho basta para que Dios actúe y construya Él Mismo Su santuario siguiendo las líneas de Su eterno diseño.

Ya se habían excedido en el mandato que Dios había dado. El amor que profesamos hacia nuestra propia actividad a menudo nos empuja a entregarnos cuando —si somos honestos— no deberíamos hacerlo más. Este «entregarse de nuevo» se convertiría en un círculo vicioso si los que nos guían no nos advirtieran con paciencia y firmeza; o si Dios (haciendo uso del derecho adquirido sobre nosotros a través de nuestra ofrenda voluntaria) no nos incapacitara para hacerlo debilitando nuestras habilidades y minando nuestras fuerzas.

Tan pronto como finaliza la obra del tabernáculo conforme al propósito de Dios, Él llega al instante para llenarlo con Su presencia y ofrece pruebas manifiestas de que Su Majestad reside allí. De igual modo, tan pronto como nuestro interior ha sido preparado como Dios quiere, Él llega para morar allí. Viene *envuelto en un manto* para que sólo por la fe podamos reconocerle. Aunque esta nube no es Dios, Él está *dentro* de la nube.

Cuando este tabernáculo interior o centro del alma es lleno de Dios Mismo, ninguna otra cosa puede entrar... ni siquiera cosas que parezcan muy, muy santas. Todo lo que es de Dios se desintegra en Dios en la medida de Su cercanía y ya no puede distinguirse como cosa aparte de Dios; y todo lo que no es de Dios se queda fuera.

El santuario interior debe estar completamente vacío para que la majestad de Dios pueda llegar a morar dentro de ti. Que Dios así te halle en ese Día.

Made in the USA
Middletown, DE
23 December 2022

20259052R00086